みんなで一緒に強くなろう

ジュニアのための
スポーツ食事学

ザバス　スポーツ&ニュートリション・ラボ
柴田 麗

JN269902

この本では、スポーツに打ち込んでいる子どもたちを
スポーツジュニアと呼びます。
スポーツジュニアにとって毎日の食事は、
練習やスポーツ道具と同じくらい大切なものです。
食べることは強くなることへの第一歩。
それを、日々がんばっているスポーツジュニアたちと、
支えている保護者、指導者のみなさんにも知っていただければ嬉しいです。
みんなで一緒に強くなりましょう。

SAVAS

目次

1章【基礎編】栄養・食事の基本とカラダの関係を知ろう

2章【応用編】目的別、食事の選び方をマスターしよう

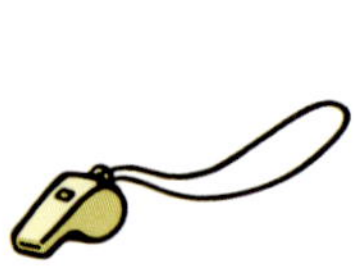

3章【実践編】
鹿島アントラーズユースの寮ごはん

4章【復習編】
栄養ドリル
みんなで一緒に考えよう

インタビュー

コラム

＊本書について

◎1、2章の中で紹介している献立や補食などは、選び方や組み合わせの参考にしてください。3章の中で紹介している献立は高校生・男子のものです。量については、年齢や成長段階、体格、練習内容によって違ってきます。子どもに合わせて食べる量、バランスを調整してください。
◎本書では、牛乳・乳製品を総称して「乳製品」としています。

※本書においてジュニアとは、小学4年生〜中学生を指します。

みんなで一緒に強くなりましょう

「みんなで一緒に強くなろう」と思ったのは、2005年から始めた「ジュニアアスリートの栄養サポートプログラムをつくる」というプロジェクトからでした。

　私はザバス スポーツ&ニュートリション・ラボというチームで、スポーツ選手の栄養サポートやスポーツ栄養の普及活動を行っています。なかでも、ジュニア世代を中心として活動をしてきました。私の活動がジュニア世代中心になったきっかけは冒頭のプロジェクトです。内容は、「プロサッカーチームの下部組織に対して栄養サポートを定期的にかつ継続的に行う」こと。新入社員だった私の熱意をかってくれた、当時の上司が担当にしてくれたのです。そこから、私のジュニア道が始まりました。

　それ以来、たくさんのスポーツジュニア、保護者、指導者のみなさんと会う機会が増えました。そうすると、「食事や栄養の話を聞いたことがない」「やっぱりジュニアからの栄養サポートが大切だ」という声がたくさん聞こえてきました。「スポーツをする子どもたちに合った栄養のことを知りたい」と思っている方々が、本当にたくさんいるんだなと思い、どうすれば、より多くのスポーツジュニアに会えるだろうかと考えていました。

スポーツジュニアのみんなへ

「プロ野球選手になりたい！」「あのチームに勝ちたい！」……みんなは、どんな目標を持って、練習にはげみ、試合にのぞんでいますか？

　みんなが元気に、楽しくスポーツし、目標を達成するために、毎日食べているごはんは、強い味方になっています。もし、今まであんまり自分のごはんのことに興味がなかったなら、今日から興味を持ってみましょう。「ごはんをちゃんと食べる」ことは、驚くほどいろいろな力を持っています。

野球ならバット、サッカーならスパイク、テニスならラケット、陸上ならランニングシューズ……スポーツには欠かせない道具たち。その道具たちと同じように、毎日のごはんもスポーツに欠かせない自分流のこだわりを見つけていきましょう。

そんな中、指導者の方から、「ザバスの栄養ドリルを使いたい」「ザバスのジュニアの活動でやってきたことをまとめて欲しい」という声をかけていただきました。そうか、そういう方法もある。ザバススタッフがどれだけ頑張っても、情報を届けられる人は限られる。では、この情報を本にしたら、日本中のスポーツジュニアに届くのではないか。目を見て話しはできないけれど、出会えないけれど、本が代わりをしてくれる、そんな思いから多くの方々の協力を得て、この本をまとめることになりました。

この本は栄養の基礎と応用、それから実際の献立、子どもたちが実践できる栄養ドリルから構成されています。今まで、サポートの現場で必要だったと思うものばかり集めました。夢や目標に向かってがんばっているみなさん、そして、それを支えるみなさん、みんなで一緒に強くなりましょう。この本が、みなさんの力になれば嬉しいです。

「食から日本のスポーツ界を強くする」、そんな言葉を支えにして、日々、ザバスは活動をしています。そして、今も変わらず大切にしていることは、スポーツの現場に足を運ぶこと。私たちはチームや選手と目標や時間を共有し、みんなで一緒に強くなってきました。「スポーツも、食べることも好き」、そんな子どもたちが日本中、世界中に増えますように。

ザバス スポーツ&ニュートリション・ラボ
柴田 麗《うらら》

保護者、指導者のみなさんへ

昨今、食に関係する膨大な情報や考え方などがあり、何がよくて、何を信じていいのかわからなくなるときがあると思います。また、食事は毎日のことなので、献立に追われてしまうこともあるでしょう。そんなとき、この本を見て、栄養や食事の基本を思い出してください。毎日の食事を「おいしい」「楽しい」と、〝食べること〟が持つ力を信じてみましょう。

子どもたちの成長過程において、食事でできることはたくさんあります。

子どもたちが食事について向き合える、そんな環境やきっかけをつくれるのは、そばにいる保護者の方、指導者の方を含めた、私たち大人の役割なのです。

スポーツジュニアと一緒に、食べることを学んで、実践していただければ幸いです。

ザバス スポーツ&ニュートリション・ラボとは

すぎうら・かつみ　1991～2008年3月まで明治製菓株式会社　ザバス スポーツ&ニュートリション・ラボ所長として在籍。2008年4月より顧問として学術面から活動を支える。現在、JOC選手強化本部 情報・医・科学専門委員会 科学サポート部会員、日本陸上競技連盟科学委員、日本体育協会指導者養成講習会講師などを担当し、幅広く日本のスポーツ界を栄養面から支えている。著書に、『選手を食事で強くする本』（中経の文庫）、『ダイエットフィットネスの基礎知識』（福村出版）等がある。

ザバス SAVAS とは "Source of Athletic Vitality and Adventurous Spirit" の頭文字を取ったものであり、「すべてのアスリートの『競技に挑む力とあふれ出る冒険心の源』であり続けたい」という意味がこめられています。

ザバス スポーツ&ニュートリション・ラボは、このザバスの思いを具現化するスペシャリスト集団です。スタッフは、管理栄養士やスポーツの専門家から構成されており、「スポーツ・ニュートリション」すなわちスポーツ栄養学を駆使して、アスリートの「記録を更新したい」「勝利をつかみたい」という願いを実現するためのサポートを行っています。

具体的には、食事調査やカウンセリング、各種セミナーを行なうことにより、アスリート自身とアスリートに関わる人々の栄養に対する理解を深め、自発的で無理のない栄養への取り組みを促します。アスリートやコーチと目標を共有し、ときにはマンツーマンで、ときにはチームの一員として、信頼関係を大切にした心の通ったサポートを展開します。

そのため、競技団体・プロチーム等の栄養担当として活動することはもちろんのこと、競技雑誌への執筆活動や学会への参加、一般向け各種セミナーの実施など、多彩な活動を通してスポーツ・ニュートリションの普及に努めています。また、研究開発部門と連携し、アスリートから得たニーズを反映した食品の開発や、大学との共同研究による食品の機能評価など、スポーツ・ニュートリション情報のさらなるブラッシュアップにも積極的に取り組んでいます。

本書は、そのラボスタッフのスポーツジュニアに対する栄養サポート活動の集大成です。スポーツジュニアの健全な発育発達のために、そして将来の日本代表選手の育成のために、真に貢献できる書であると信じております。

ザバス スポーツ&ニュートリション・ラボ顧問
立教大学コミュニティ福祉学部スポーツウエルネス学科教授
杉浦　克己

1

1章　【基礎編】

栄養・食事の基本とカラダの関係を知ろう

まずは大事な栄養の基本について、それから食べることとカラダの関係のことをお話しします。

カラダは食べた物からつくられる

なぜ食事が重要か？

スポーツジュニアのみなさんは、「スポーツが楽しい」「試合に勝ちたい」「記録を伸ばしたい」「憧れのあの選手のようになりたい」など、さまざまな夢や目標を持って、毎日、練習をしていることでしょう。練習を楽しく、元気に続けていくために、毎日の「食事」がとても大切な役割を果たしていることを知っていますか。

私たち人間は、スポーツをしていなくても、食べることと寝ることでカラダができています。食事をとって食べ物をかみ砕き、カラダの中でさまざまな機能が働いて栄養素が消化吸収されていきます。その栄養素がすみずみまで運ばれて、カラダをつくっていきます。こうしてつくられたカラダで、毎日の練習を行っているのです。

練習を繰り返して基礎体力がつき、技術が身につき、日々技術力が向上していきます。毎日の厳しい練習を乗り越えていくと、精神力にも磨きがかかり、心の強さも培われていきます。その総合力が結果（パフォーマンス）となってあらわれてくるのです。

「食事」というのはスポーツのパフォーマンスの基礎（土台）となっているのです。左上の図を見てください。基礎が十分にできて、大きな三角形が描けるスポーツジュニアは、より高いパフォーマンスにつながっていきます。反対に、この基礎が小さい場合は、パフォーマンスレベルも低くなります。

また、基礎ができていなければ、厳しい練習や高度な技術・戦術を監督、コーチに求められても、その練習をこなすだけになってしまったり、がんばり過ぎてケガをしてしまったりということになりかねません。こうなってしまっては、何のために毎日練習をしているのかわからなくなります。

「食べること」が夢や目標に近づく

スポーツジュニアは成長期という、心身ともに急激に成長する時期にいます。さらにスポーツをすると、カラダの

パフォーマンスに影響する要素

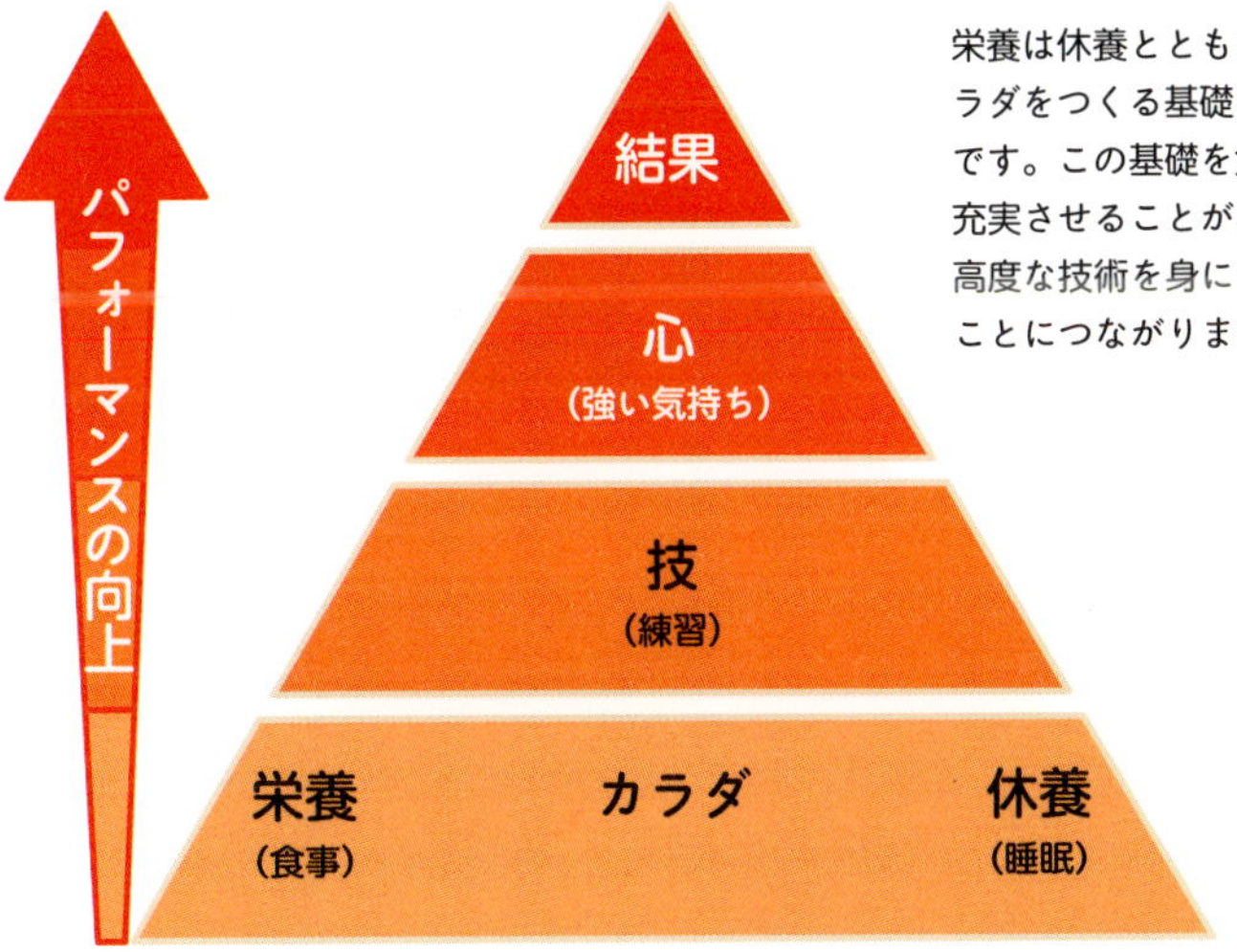

栄養は休養とともに、カラダをつくる基礎（土台）です。この基礎を大きく充実させることが、より高度な技術を身につけることにつながります。

中からたくさんの栄養素等が使われます。毎日、おなかいっぱい食べていても、食事の内容が偏っていたり、量が少なかったりすると、基礎を十分に確立することができなくなります。満腹な食事と栄養満点な食事、その違いを理解して、スポーツジュニアに合った食事のテクニックを身につけましょう。すぐには、結果がでないかもしれませんが、毎日続けることで基礎ができ上がり、夢や目標に近づいていくのです。

うららの栄養サポート現場から

「繰り返し伝える」

「ザバス」が栄養サポートをしているジュニア世代の選手は、小学生から高校生の間に、最多で８回程度、私の栄養講習会を聞く機会があります。中学生にもなると簡単に５大栄養素が答えられます。卒業した選手からは「正直、またかって思っていた。でも、今も覚えているし、役に立っているよ」といわれました。話のレパートリーの少なさを反省するとともに、「繰り返し伝える」ことの大切さを教えてもらいました。

まとめ

食事はパフォーマンスの基礎（土台）です

スポーツジュニアにはたくさんの栄養が必要

スポーツで多くの栄養が失われる

食べることは練習と同じくらい大事なこと。では、どれだけ食べたらいいか、スポーツジュニアにとっては食べる量もポイントです。

スポーツをしている人はスポーツをしていない人と比べると、より食事の影響を受けます。それは、スポーツをするだけでカラダの中から失われていく栄養素等があり、カラダがダメージを受けているからです。

スポーツをすることでカラダが受ける大きな影響は次の3つです。

1　大量のエネルギーの消費

走ったり、投げたり、泳いだり、激しくカラダを使うスポーツは、多くのエネルギーを使います。

2　筋肉へのダメージ、血液が分解される

スポーツをすることによってカラダに刺激が与えられ、筋肉などの組織がダメージを受けます。酸素や栄養素の運搬役の血液も、速いスピードで壊れます。

3　汗による水分とミネラルの損失

スポーツをすると汗をかきます。汗として流れる水分の中には、ミネラル（→P24～25）という栄養素も含まれます。

スポーツをするだけで、これだけたくさんの栄養素等がカラダから失われ、さらにダメージを受けています。このことを知らないで、何も考えずに食事をしていると、疲れがたまったり、思ったようにカラダがつくれなかったりします。そのために毎日の練習についていく体力がなくなり、続ける気力もなくなってしまいます。スポーツをしている人は、スポーツをしない人に比べるとより多くの食事量が必要です。

スポーツジュニアは「成長期」。カラダも心も著しく変化します

スポーツジュニアの年代は、身長も伸びて、体重も増えてきています。「日常生活の分」＋「スポーツの分」に加え、

栄養素等摂取量の考え方

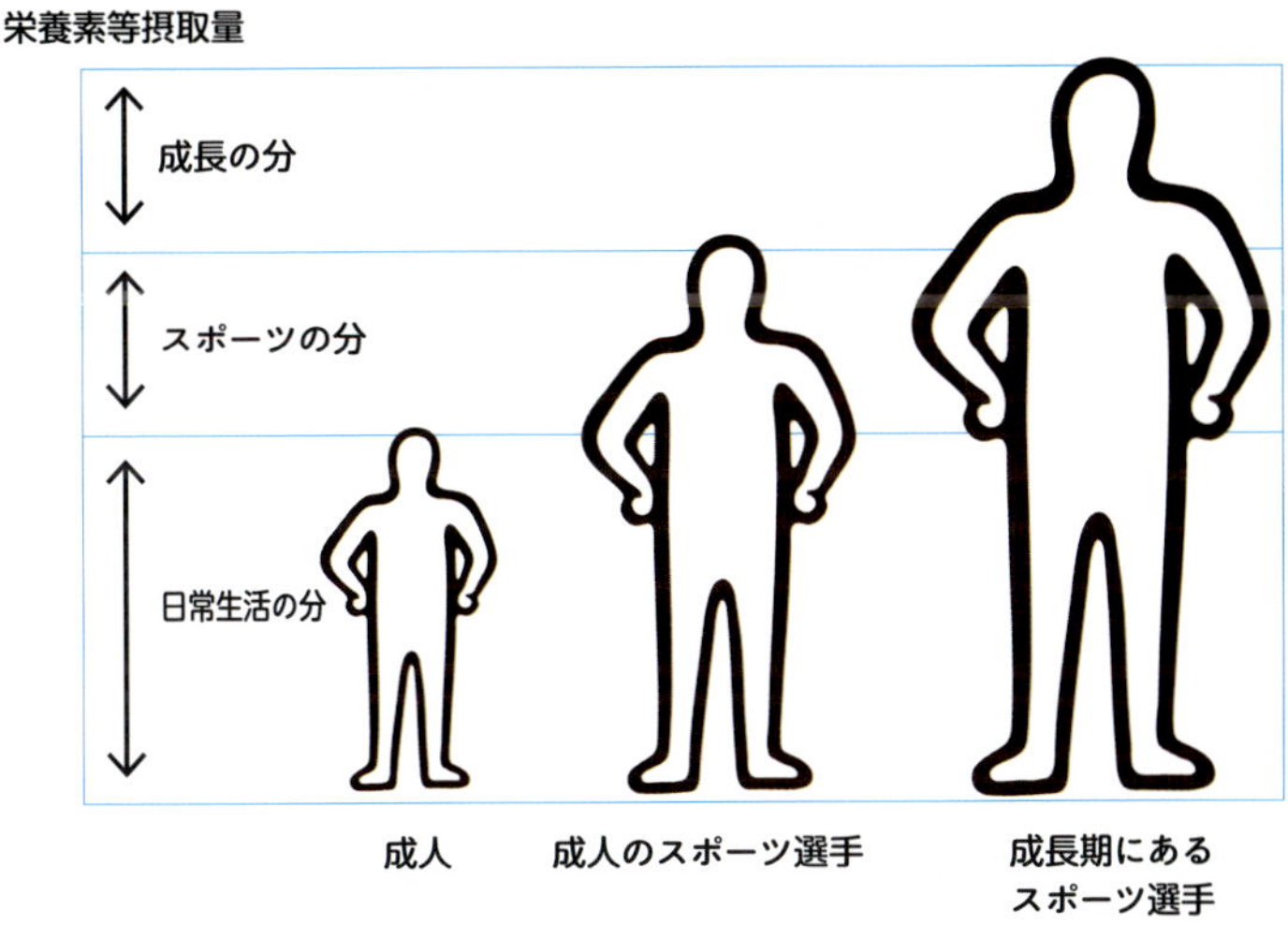

摂取すべき栄養素等の量を比較したイメージ図です。

さらに「成長の分」の栄養も必要となります。

もし、日常生活とスポーツの分の栄養しかとれない食事量だとしたら、成長分の栄養の不足が続きます。そうすると、大きくなる時期に十分な栄養がカラダに行き渡らず、成長のタイミングを逃してしまいます。もったいないですね。成長期のスポーツジュニアは、大人よりもたくさんのエネルギーや栄養素が必要なのです。「たくさん食べよう」と指導者の方が教えてくれる理由の1つです。

うららの栄養サポート現場から

「食事とコミュニケーション」

ジュニアのチームでは長期休みを利用して合宿を行ない、この機会を利用して食事に対する指導をするチームもあります。内容は主に食事量。「プロになるためには好き嫌いなく、たくさん食べる」と、みんながんばって食べています。ただ、どうしても食べられない物も出てくる。そうすると選手同士で好きな物と嫌いな物を交換し合う姿や、小食で食べられない選手を励ます姿が見られます。食事会場では、グラウンド以外でのコミュニケーションが育まれているのです。

まとめ

スポーツジュニアは、スポーツの分＋成長の分の栄養が必要です

スポーツジュニアは、どれだけ食べればいい？

必要量は一人ひとり、個人差がある

スポーツジュニアがたくさんの栄養が必要であることは、わかっていただけたと思います。では、「どのくらいの量が必要か」という目安量を考えていきましょう。

ところが、スポーツジュニアの場合、残念ですが明確な数字を示すことができません。この時期は成長のスピードやタイミング、取り組むスポーツの種類、練習条件などが違い、個人差がとても大きいからです。

そこで、厚生労働省から出ている食事摂取基準を目安にします。46～47ページを見てください。子どもたちの日常の活動量を〝身体活動レベル〟の説明を見て、あてはめてみましょう。大人と比べるとカラダは約半分でも、同じくらいの量が必要な栄養素があります。驚きですよね。この目安を参考に、子どもたちの体格、日々の体調などを見ながら食事量を調整しましょう。これはいつもスポーツジュニアの近くにいる保護者、指導者の方だからできる技です。

体調は食事が影響していることがある

同じ時間に同じ練習をしていても、なぜか元気がなかったり、走れなかったり、カラダが思うように動かないときがあります。左の「体調チェック表」で自分の体調を振り返ってみましょう。

みなさんは、いくつあてはまりましたか？ この表にある体調は、スポーツジュニアにとってマイナスな状態のものばかりです。これらの体調は、食生活を少し見直すだけで改善される可能性が高いのです。例えば、試合期「後半のスピードが落ちる、バテがひどい」にチェックを入れたスポーツジュニアは、カラダの中のエネルギーが不足している可能性があります。エネルギー源である炭水化物（糖質）という栄養素（→P18～19）を多く含む食品を、試合前に多めに食べると改善されることがあります。

それぞれの体調の横に、不足している可能性がある栄養素の働きが記載されています。表を参考に、自分の体調は

まとめ

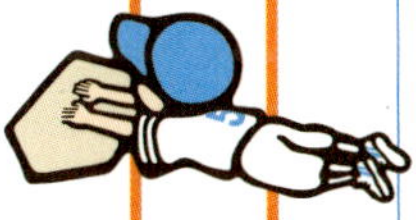

食べる量は食事摂取基準を目安に、体調をチェックしながらつくり上げよう

体調チェック表 ✓

チェック項目		不足している栄養素の働き
練習期		
□ 練習がきつくてついていけない	⇒	エネルギー源
□ ケガをしやすい、貧血といわれた	⇒	カラダづくり
□ いつもだるくて疲れが残っている	⇒	体調を整える
□ 目覚めが悪い、授業中ボーッとしている	⇒	体調を整える
試合期		
□ 試合後半のスピードが落ちる、バテがひどい	⇒	エネルギー源
□ 集中力が落ちる	⇒	エネルギー源
□ 体力がない、あたり負けする	⇒	カラダづくり
□ 緊張する、カゼをひきやすい	⇒	体調を整える
□ 体重が減ったまま戻らない	⇒	エネルギー源

左のチェック項目を読んで、自分にあてはまるものに印をします。
右が不足していると思われる栄養素の働きです。何が不足しておこる状態なのか、それぞれの働きに必要な栄養素については
17ページの「5大栄養素のカラダの中での働き」を見てください。

どの働きの栄養素が不足している可能性があるかを確認してみるとよいでしょう。保護者、指導者の方もスポーツジュニアの体調チェックに役立ててみてください。

よいときも悪いときも、体調の変化を「気のせい」と流さずに、食生活、睡眠時間を含めて生活リズムを振り返り、「なぜだろう?」と考えることが大切です。気が付いたことがあれば、よいときは続けて、悪いときは改善をしていくように、自分で考えて、実践する習慣をつけましょう。

うららの栄養サポート現場から

「カラダづくりに大切なこと」

ある選手はあたり負けしないようにと、カラダを大きくするために、ウエイトトレーニングを始めました。なかなか思うようにカラダがつくれず、食事を見直すことに。そうすると、3か月で約5kgの増量に成功。「毎日の食事がこれほど影響するとは思わなかった。食事を考えて食べたときにカラダが変わった」と納得。「やってみる気持ち」と「実践する行動力」もカラダづくりには欠かせません。

食べた物がカラダの中でたどる道

栄養素は主に小腸で吸収されます

食べた物がどうやって消化吸収され、栄養素としてカラダの中に取り込まれるか知っていますか。

食べ物は歯でかみ砕かれ、唾液と混ざり合って食道に進みます。かめばかむほどだ液が出て、消化しやすい状態になるのでよくかむことが大事です。

食道から胃に送られ、食物の種類によりますが4〜5時間かけてゆっくり消化されます。今度は小腸へ送り出され、さらに消化が進みます。ほぼ消化された食べ物は、小腸にあるヒダヒダの壁（絨毛《じゅうもう》）から栄養素と水がほとんど吸収され、血管やリンパ管を通して栄養素が運ばれます。小腸で吸収されなかったものは大腸に運ばれ、やがて排せつ物として肛門から外に出ていきます。

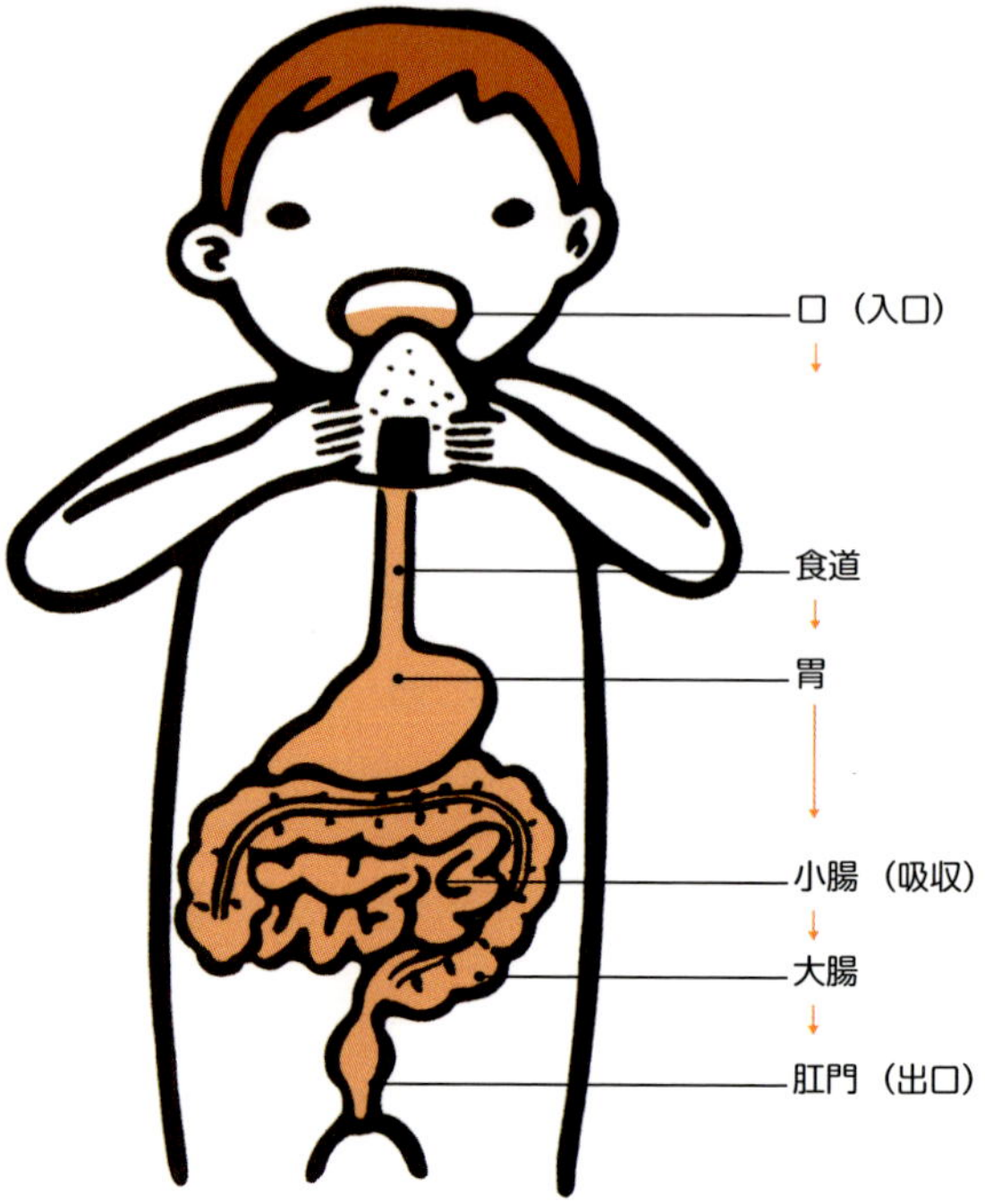

まとめ

よくかんで食べることが、消化吸収を助けます

カラダを大きくするためには、睡眠も大切！

生活の中でできるだけ早く寝る習慣を身につけましょう。

長く寝るだけではなく寝る時間帯も大事

9ページの三角形の図を見直してみると、パフォーマンスの向上を支えている基礎に睡眠があります。カラダづくりに重要な「成長ホルモン」が関係しているからです。
「成長ホルモン」は、骨を伸ばしたり、たんぱく質合成を進めたり、筋肉の成長を助けたりします。夜10時から2時の間、熟睡しているときに活発に分泌されていますので、

睡眠と成長ホルモンの関係

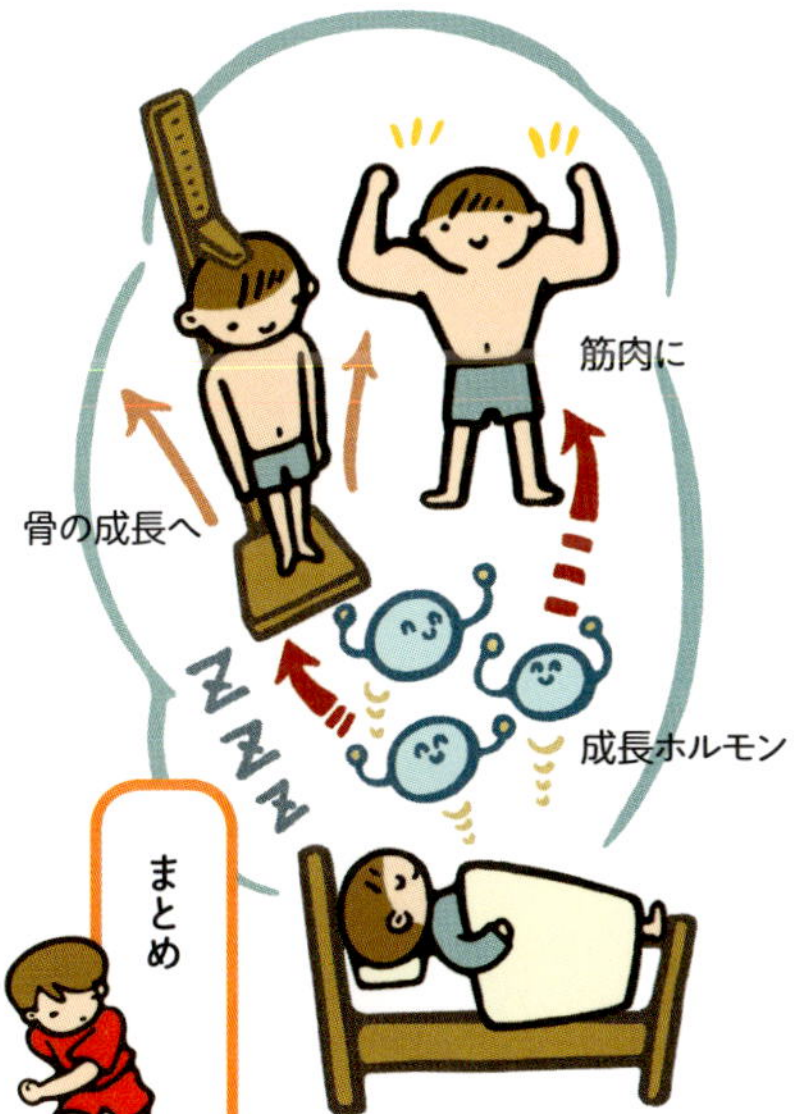

生活リズムを身につけよう

1日を振り返ってみましょう。日中は学校に行き、勉強をして、ヘトヘトになるまで運動をする。スポーツジュニアであれば、ここまではみなさん、ほぼ変わりはないと思います。それ以降の時間の過ごし方はどうでしょうか。テレビや漫画、ゲーム、携帯電話でのメールなどで夜遅くまで起きていることはありませんか？ カラダのことを真剣に考えると、こういった習慣は、非常にマイナスです。日中はヘトヘトになるまで思いっきり動いて、勉強して、家に帰ってもりもり食べて、早めに寝る。このリズムをつくり上げることが、スポーツジュニアのカラダづくりの近道です。

まとめ

成長ホルモンは夜10時～2時に活発に分泌されている

スポーツジュニアが知っておきたい栄養素のこと

食事からとれる5つの栄養素とその働き

「バランスのよい食事」、いわゆる栄養満点の食事をすることがスポーツジュニアにとっては大切です。それは、食事からとれる栄養素にはそれぞれ役割があるからです。日常生活にはもちろん、成長やスポーツにも必要なものです。その栄養素は5つ。5大栄養素と呼ばれ、炭水化物（糖質）、脂質、たんぱく質、ミネラル、ビタミンです。

この5つは、チーム競技のポジションと同じように、それぞれ役割分担があり、カラダの中で力を合わせて働いています。その働きは大きく分けて3つ。「エネルギー源」「カラダづくり」「体調を整える」です（左図参照）。それぞれが、カラダの中で責任を持って役割を果たしているので、この5つの栄養素を毎日の食事からまんべんなくとることが大切なのです。これが、毎日「バランスのとれた食事」を食べましょうといわれる理由です。

食事の役割を知る

スポーツジュニアにとって、食事からとれる栄養素の役割を知って、理解することはとても大切です。極端に好き嫌いをしたり、何も知らず、気がつかずに偏った食事を続けていると、自分が持っているカラダの機能を100％生かせない上に、「ここぞ！」というときに力を出しきれないからです。

例えば、A選手は好き嫌いが多く、「体調を整える」働きをしているビタミンが不足する食事が続いていたとします。毎日の練習をがんばって、ある日スタメンに選ばれた。気分は上々。しかし、試合前は疲労や緊張からいつもより、体調を崩しやすい状況にあります。A選手は偏った食事が続いているために、カゼをひいてしまい試合に出られなくなってしまった――そんなことが実際にありました。何のために、毎日のトレーニングをして、ライバルと競って、

5大栄養素のカラダの中での働き

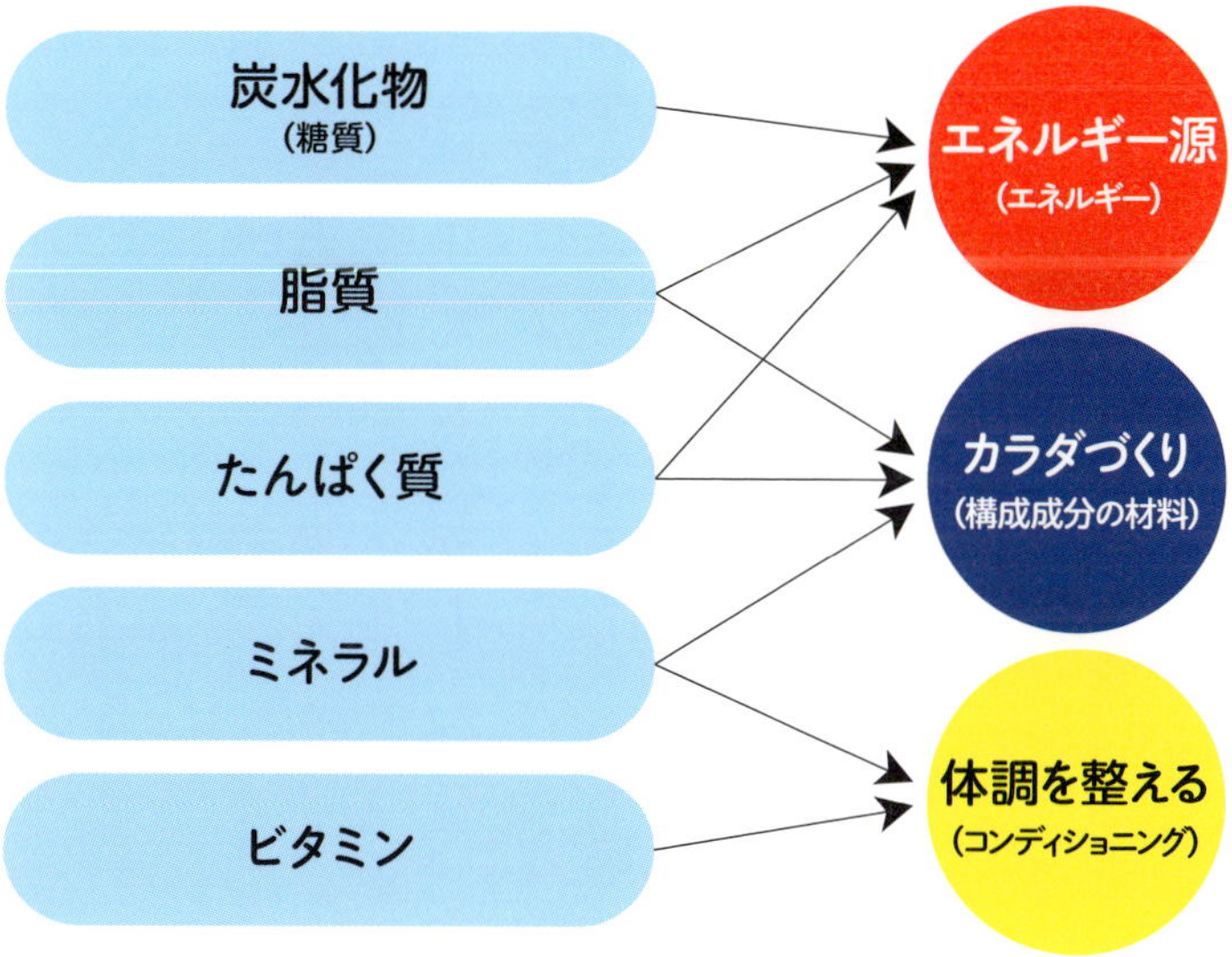

スタメンを獲得したのかわかりません。偏った食事が、トレーニング成果を知らず知らずのうちに、自ら台無しにしていたのです。

試合でのよいパフォーマンスのために、毎日のトレーニングでテクニックに磨きをかけることは大切です。それと同じくらい、毎食バランスのとれた食事を続けてカラダをつくり、体調を整えることはスポーツジュニアにとって大切なことです。そのことを、忘れないようにしましょう。

うららのサポート現場から

「観察からの気付きを大切に」

栄養サポートは練習や試合の見学も大事な現場。例えば、練習見学。練習内容はもちろん、チームの雰囲気から子どもたちの様子や表情、顔色などを観察しています。気になったことは、本人はもちろん、トレーナーさんやマネージャーさんにできる限り話を聞くようにしています。向き合って見ていると、何かいつもと違うぞという気付きがあります。毎日少しずつ見ていると、子どもたちのサインを受け止めることができます。

まとめ

食事からとれる5つの栄養素を覚えておこう

知っておきたい栄養素❶

エネルギーの源。炭水化物（糖質）を知る

カラダを動かすためのエネルギー源

ここからは5大栄養素をくわしく説明していきます。まずは、炭水化物（糖質）。カラダを動かすためのエネルギー源です。走る、蹴る、投げる、泳ぐなど、すべての動作のエネルギーの源となっている栄養素です。

また、脳の主要なエネルギー源でもあるので、「考える」「集中力を持続させる」「的確な判断をする」などにもエネルギーとして使われています。例えば、試合後半に集中力がきれるのは、カラダの中の炭水化物（糖質）が不足してくることも関係しているのです。

栄養学上、炭水化物は、糖質と食物繊維の総称として表されるものです。しかし一般的には、同じ意味で用いられることも多いので本書では炭水化物（糖質）としています。

食事からとった炭水化物（糖質）は消化管で消化分解され、カラダに吸収されます。すぐにエネルギーとして使われる物以外は、筋肉や肝臓に「グリコーゲン」という形で蓄えられています。スポーツをするときに、このグリコーゲンが分解されてエネルギーとして使われています。筋肉や肝臓はエネルギー源をためておく、いわば銀行の役割をしています。

肝臓に蓄えられたエネルギーは、寝ている間や食事を1食欠食するだけで大幅に減少します。スポーツをしているときに、ガス欠（エネルギー摂取不足）でカラダの動きが鈍くなったり、集中力が低下しないよう、毎日、毎食、十分に補給しましょう。炭水化物（糖質）の摂取量は、1日の総エネルギー摂取量の55～60％が望ましいといえます。

スタミナをつけるには肉かおにぎりか？

スポーツジュニアは一般の子どもたちと比べると当然のことながら、活動量が多くなります。スポーツで使われるエネルギーを考えると、炭水化物（糖質）を十分に確保する必要があります。

炭水化物（糖質）を多く含む食品

食品名	目安量	炭水化物（糖質）(g)	エネルギー（kcal）
スパゲッティー	1人分（乾 100g）	72.2	378
そば	1玉（ゆで 220g）	57.2	290
うどん	1玉（ゆで 250g）	54.0	263
ご飯	茶碗1杯（130g）	48.2	218
食パン	1枚（6枚切り）	28.0	158
あんパン	1個（80g）	40.2	224
バナナ	1本（80g）	18.0	69

「スタミナをつけるために肉をガッツリ食べる」。確かに、それは一理あります。ただ、実際にスポーツジュニアたちが感じる「スタミナ切れ」は、主にエネルギー切れの状態を表現していることが多いようです。練習中や試合中、後半にバテるなら、焼き肉よりも炭水化物（糖質）が多く含まれるおにぎりでスタミナをつけましょう。

うららの栄養サポート現場から

「果物がむけますか?」

全国大会の補食や夜食には、果物が出ることが多いです。元来、果物はむくのが“メンドクサイ”という声がよく聞こえてきます。中学生では、バナナぐらいしかむかないようです。ある日、補食にグレープフルーツが丸ごと出ました。「え〜、どうやって食べるの?!」という声があちらこちらから。トレーナーさんがむき方を教えていました。どんな環境でも食べられるように、自分で食べる果物は自分でむいたり切ったりする技を身につけておきましょう。食べる力以前に大切な基本ですね。

まとめ

すべてのスポーツのエネルギー源です

カラダの主な成分。たんぱく質を知る

カラダの主な材料

次はたんぱく質。たんぱく質は、主にカラダをつくる役割をしています。筋肉、血液、骨、皮膚、髪の毛、爪、酵素などです。

特にスポーツ選手にとって筋肉は、パワーを発揮するための大事なカラダの一部ですし、血液は酸素や栄養をカラダのすみずみまで運ぶ働きをしている重要な組織です。

筋肉は、水分を除いた約80%がたんぱく質からできています。重いバーベルを持って筋力トレーニングをするだけでなく、スポーツをする刺激だけで筋肉はダメージを受けます。そのダメージを受けた筋肉の修復のために、たんぱく質は必要となります(→P30~31)。また、血液の成分であるヘモグロビンは、鉄とたんぱく質からできています(→P34~35)。

このようにスポーツ選手のカラダづくりには、たんぱく質は欠かせない栄養素なのです。

一度にたくさんより、毎食、食べよう

スポーツ選手にとって1日に必要なたんぱく質量は、体重1kgにつき約2gです。たんぱく質は一度に吸収される量が40g~50gといわれているので、一度にたくさんとるよりも毎食3回に分けて食べて必要量を満たしましょう。たんぱく質を含む食品というと肉や魚を思い浮かべますが、大豆製品や卵、乳製品にも含まれます。

また、朝ごはんから十分にたんぱく質をとることは、スポーツジュニアの日常の生活にも大事なことです。睡眠時、人間の体温は起床時よりも低下しています。朝ごはんでたんぱく質をとることは体温を高め、それまで眠っていたのうやカラダを目覚めさせる重要な役割を担います。充実した朝ごはんは、その日の活動に備えた大切なウォーミングアップといえます。朝から十分にたんぱく質を確保して、元気よく過ごしましょう。

まとめ

スポーツ選手は、体重1kgにつき約2gのたんぱく質が目安です

スポーツ選手のたんぱく質必要量

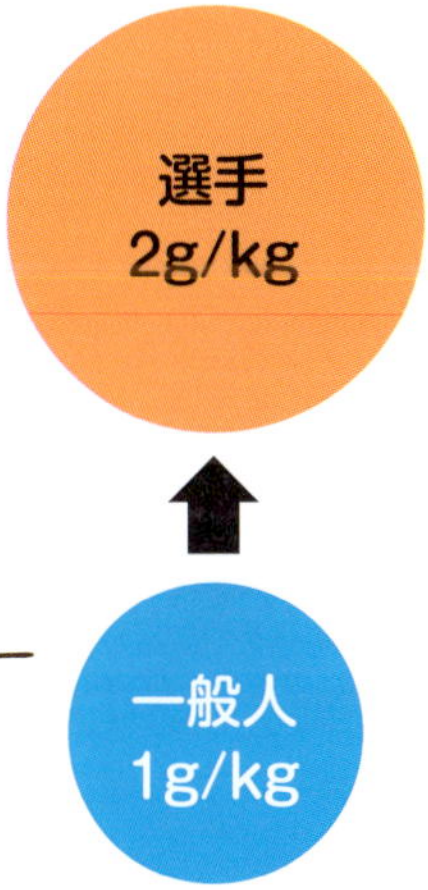

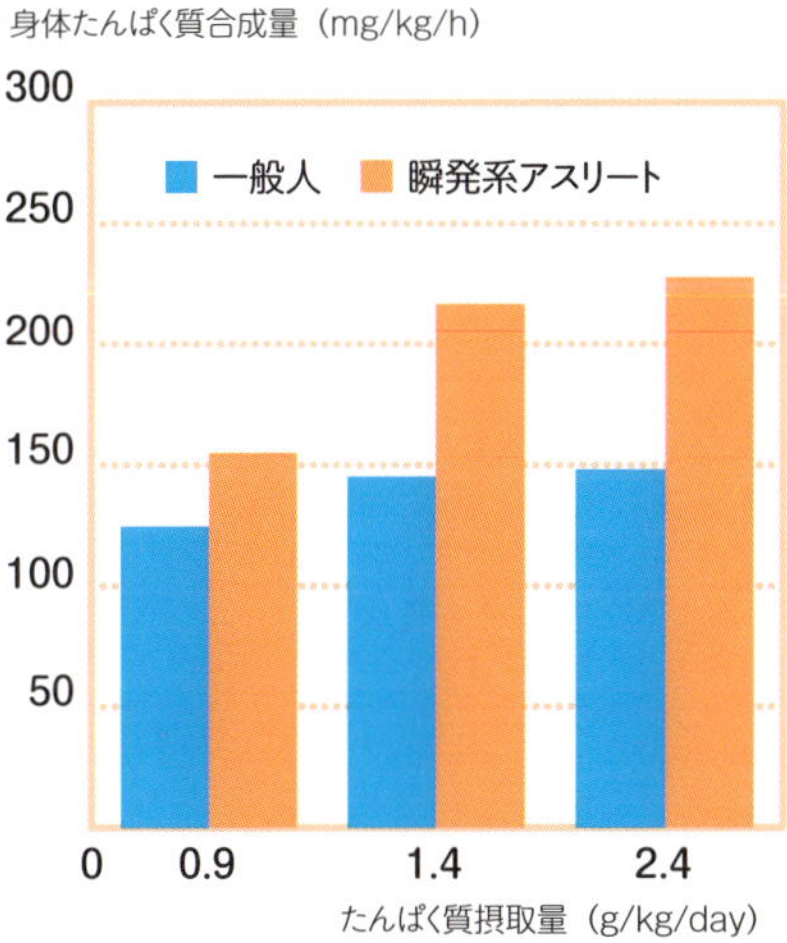

(Tarnopolsky ct al.1992)

スポーツ選手は、たんぱく質を 2.4 gとってもたんぱく質合成量が増えているように、スポーツ選手は一般人よりも、スポーツをする分、より多くのたんぱく質が必要です。

たんぱく質を多く含む食品

食品名	目安量	たんぱく質（g）	エネルギー（kcal）
鶏ささ身	100g	23.0	105
豚もも肉	100g	21.3	164
牛ひき肉	100g	19.0	224
まぐろ刺身（赤身）	5 切れ（60g）	15.8	75
木綿豆腐	½ 丁 （150g）	9.9	108
牛乳	コップ 1 杯（200g）	6.6	134
卵	1個（50g）	6.2	76

たんぱく質には動物性（肉、魚、卵など）と、植物性（大豆・大豆製品など）があります。どちらもまんべんなくとるように心がけましょう。

知っておきたい栄養素❸

脂質は悪者ではありません。脂質を知る

大切なエネルギー源

「脂質＝体脂肪が増える＝食べないほうがいい」というイメージがついているように感じます。その脂質の主な働きは、エネルギー源です。脂質は炭水化物（糖質）やたんぱく質に比べると2倍以上のエネルギーを持っています。炭水化物（糖質）、たんぱく質は4kcal／gで、脂質は9kcal／gです。脂質はエネルギーを効率よくとる、または供給するためには有効な栄養素です。

スポーツジュニアの毎日の食事で、多くのエネルギーをとるには、脂質の助けが必要になります。脂質をまったくとらずにスポーツジュニアに必要なエネルギー量を確保しようと思うと、かなりの量の食事をとらなくてはいけなくなるからです。

炭水化物（糖質）のように即効性はないものの、長時間運動をする際には、徐々に分解されて長く燃焼するこの脂質がエネルギー源として利用されます。

カラダをつくるためにも必要な栄養素

脂質は体脂肪以外にも、細胞膜などのカラダの構成成分やホルモンをつくる材料になったり、脂溶性のビタミン（→P26）の吸収を助ける働きもしています。

このように脂質はカラダにとって大切な栄養素ですから、極端に避ける必要はありません。しかし、ほかの栄養素は「十分にとりましょう」といわれますが、脂質は減らすようにすすめられます。

それは、今の食生活の傾向では、知らない間に過剰にとっている可能性が高いからです。とり過ぎは体脂肪の蓄積につながり、体脂肪が増加してスポーツをする際のおもりになる可能性が高まります。調理に使う油や調味料の油、素材そのものに含まれる脂もあります。調理方法や素材の部位に気を付けて上手に取り入れていきましょう。

まとめ

欠かせない栄養素だけど、とりすぎに注意！

脂質を多く含む食品

食品名	目安量	脂質（g）	エネルギー（kcal）
調合油（サラダ油）	大さじ1（12g）	12.0	111
バター	大さじ1（12g）	9.7	89
マーガリン	大さじ1（12g）	9.8	91
マヨネーズ	大さじ1（12g）	9.0	84
牛バラ肉（脂身つき）	100g	50.0	517
豚バラ肉（ 〃 ）	100g	34.6	386
ベーコン	2枚（60g）	23.5	243
鶏もも肉（皮付き）	100g	14.0	200
まぐろ刺身（とろ）	4切れ（60g）	16.5	206
デニッシュパン	1個（100g）	20.7	396
フライドポテト	Mサイズ	24.2	454
ポテトチップス	1袋（85g）	29.9	471
チョコレート	1枚（50g）	17.1	279

うららの栄養サポート現場から

「太めが気になるとき」

「うちの子ちょっと太っているような気がします」と、小学生の保護者の方からたまに相談があります。成長速度には個人差があります。身長が伸びてくれば自然に縦長になっていきます。だから、この時期に少々ぽっちゃりさんでも気にする必要はありません。むしろ、食事量を減らしてしまうと成長のための栄養が不足する可能性もあります。運動量があり、よく食べる。とてもよいことです。ただ、間食にスナック菓子や甘いジュースなどを食べたり飲んだりしている場合は注意が必要です。

バランスがポイント。ミネラルを知る

どれか1つをたっぷりではなく、バランスよく

ミネラルは「無機質」ともいわれ、栄養素としてのミネラルは13種類あります。主なミネラルの働きは左の表を見てください。骨や歯（カルシウム）、血液（鉄）の材料などカラダづくりを行う役割や、細胞の中に存在して筋肉の収縮に関わるなどカラダの機能を調節する働きをしています。

大切なミネラルですが、カラダの中でつくることができないので、食べ物からとるしかありません。それぞれの摂取はバランスがポイントになります。なぜなら、1つをとりすぎると、別のもう1つの吸収が悪くなるという状況が起こることもあるからです。

例えば、加工食品やインスタント食品にはリンが多く含まれています。このリンを過剰にとるとカルシウムの吸収が悪くなります。それならばとカルシウムをさらに多くとると、今度はカルシウムとマグネシウムの吸収率の関係に影響を及ぼします。

スポーツジュニアにはカルシウムと鉄が重要です

スポーツジュニアは、ミネラルの中でもカルシウムと鉄は不足しがちな傾向にあります（ザバス スポーツ&ニュートリション・ラボ3日間食事調査813人のスポーツジュニアの平均より）。骨をつくるカルシウム（→P32〜33）と血液の材料になる鉄（→P34〜35）に関しては、のちほど詳しく述べます。

このように、ミネラルは1つだけをむやみに、たくさんとればいいというものではありません。しかし、毎日の食事の中でミネラルのバランスを考えるのは非常に困難です。加工食品に過剰に依存しすぎないようにし、いろいろな食材をバランスよく食べるようにすると、ミネラルのバランスも自然に整っていきます。「バランスよく食べよう」といわれる理由はここにもあります。

まとめ

ミネラルをバランスよくとるには、いろんな食材を食べよう

主なミネラルと働き

カルシウム	・骨や歯を形成したり、神経の興奮を抑制する 血液の凝固作用にも関わる ・不足すると、骨折、痙攣を起こしやすい
リン	・骨や歯を形成したり、炭水化物（糖質）の代謝に関わる ・不足すると、骨や関節が弱くなる。 新陳代謝が低下して筋肉が弱ったり、だるくなる
マグネシウム	・骨や歯の形成に関わり、筋収縮を円滑にさせる。神経の興奮を鎮める ・不足すると、痙攣が起こりやすく、 精神的にもイライラする。骨が弱くなる
ナトリウム	・浸透圧と血液量を調整し、神経、筋肉の興奮を鎮める ・不足すると、食欲不振、極度の疲労、頭痛、めまいが起こる
カリウム	・神経機能、浸透圧の調整 ・不足すると、血圧上昇、便秘、バテ、手足のしびれや痙攣が起こる
鉄	・赤血球のヘモグロビンの材料 ・不足すると、貧血を起こし、持久力が低下する

参考：「原書22版ハーパー・生化学」上代淑人監訳（丸善）「イラスト栄養学総論」城田知子　他著（東京教学社）

カルシウムを多く含む食品

食品名	目安量	カルシウム（mg）	エネルギー（kcal）
木綿豆腐	½丁（150g）	180	108
牛乳	コップ1杯（200g）	220	134
カップヨーグルト	1個（150g）	180	93
プロセスチーズ	6P1個（28g）	176	95
しらす干し	大さじ2（10g）	21	11
ししゃも	2本（40g）	132	66

鉄を多く含む食品

食品名	目安量	鉄（mg）	エネルギー（kcal）
レバにら炒め	1人分（豚レバー100g）	13.7	268
焼きとりレバー	2本（鶏レバー80g）	7.2	89
ひじきの煮物	1人分（干しひじき5g）	4.1	130
あさりの佃煮	スプーン1杯（10g）	1.9	23
かつお刺身	5切れ（100g）	1.9	114
ほうれん草のおひたし	1人分（80g）	0.9	26
牛もも肉	100g	2.8	140

アシスト役の栄養素。ビタミンを知る

知っておきたい栄養素❺

他の栄養素を助ける働き

ビタミンは、炭水化物（糖質）やたんぱく質、脂質の働きを助けたりすることで、カラダの調整をしています。摂取量はごくわずかでも、重要な役割があるのです。

例えば、ビタミンB_1は、炭水化物（糖質）をスムーズにエネルギーに変換させるために働いています。ビタミンB_1の不足が続くと、エネルギーがスムーズに発揮されないので疲労感につながります。ビタミンCは骨や靭帯の材料となるコラーゲンというたんぱく質がつくられるときに働いているので、ケガの回復を助ける役目も果たしています。

ビタミンもミネラル同様、ほとんどがカラダの中で合成されないので、食事からとる必要があります。ビタミンには脂溶性と水溶性の2つ（左図参照）があり、脂溶性のビタミンは体内で貯蔵されるので、不足はあまりみられません。逆に水溶性のビタミンは、体内で貯蔵できないことや、調理の際に壊れやすいため、不足しがちになるので、一度

ビタミンAを多く含む食品

食品名	目安量	ビタミンA（μgRE）	エネルギー（kcal）
うなぎの蒲焼	1人分（80g）	1200	234
ほたるいか	1人分（60g）	900	50
銀だらの切り身	1切れ（60g）	660	132
にんじん	中⅓本（50g）	380	19
ほうれん草のおひたし	1人分（80g）	332	26
にら	½束（40g）	116	8

ビタミンB_1を多く含む食品

食品名	目安量	ビタミンB_1（mg）	エネルギー（kcal）
豚もも肉	100g	0.98	164
玄米シリアル	1食分（40g）	0.50	160
ボンレスハム	2枚（40g）	0.36	47
玄米ご飯	茶碗1杯（130g）	0.21	215
ライ麦パン	6枚切り1枚（70g）	0.11	185

にたくさん食べるよりも3食に分けてとることが必要です。
ビタミンは、野菜や果物、肉や魚、穀類などさまざまな食品に含まれています。「好き嫌いはダメ」といわれる理由です。大好きな物だけを食べるのではなく、いろいろな食べ物に手を伸ばしてみましょう。

主なビタミンの働き

【水溶性ビタミン】	
ビタミンB_1	・炭水化物（糖質）のエネルギー生産に必要 ・不足すると疲労感、食欲不振、筋肉痛など
ビタミンB_2	・脂質と炭水化物（糖質）のエネルギー生産に必要 ・不足すると舌炎、口角炎など
ビタミンB_6	・アミノ酸や脂質の代謝のサポート ・たんぱく質を多くとる人ほど必要量が増える
ビタミンC	・免疫機能の維持やコラーゲンの生成に必要 ・抗酸化作用・抗ストレス作用

【脂溶性ビタミン】	
ビタミンA（レチノール、カロテン）	・視覚に関与　・粘膜細胞の機能保持
ビタミンE（トコフェロール）	・生体膜の安定化・抗酸化作用

ビタミンの種類は大きく分けて２つ。脂溶性ビタミン（脂に溶ける）、水溶性ビタミン（水に溶ける）です。前者はビタミンA、D、E、K。後者はビタミンB群、Cです。微量ながらあなどれない栄養素なので、ビタミンの働きを理解して、ふだんから気をつけてとる必要があります。

まとめ

少しの量だけど、大切な栄養素

ビタミンB_2を多く含む食品

食品名	目安量	ビタミンB_2（mg）	エネルギー（kcal）
焼きとりレバー	2本（鶏レバー 80g）	1.44	89
うなぎの蒲焼	1人分（80g）	0.59	234
牛乳	コップ1杯（200g）	0.30	134
納豆	1パック（50g）	0.28	100
卵	1個（50g）	0.22	76
さばの切り身	1切れ（80g）	0.22	162

ビタミンCを多く含む食品

食品名	目安量	ビタミンC(mg)	エネルギー（kcal）
100%オレンジジュース	コップ1杯（200g）	44	84
グレープフルーツ	½個（200g）	72	76
キウイフルーツ	1個（100g）	69	53
いちご	5個（75g）	47	26
ブロッコリー	1人分（80g）	43	22
オレンジ	1個（100g）	40	39
じゃがいも	中1個（150g）	53	114
トマト	中1個（150g）	23	29

スポーツジュニアの飲む栄養

水分を上手にとろう！

カラダの半分以上は水分です

5大栄養素には入っていませんが、水分も大事な栄養です。人間のカラダは約60％が水分です。スポーツジュニアのみなさんは、実は大人よりも少し水分の割合が多いのです。カラダの半分以上は水分でできている、それだけで、カラダにとって大切な栄養なのかがわかります。

スポーツ中の体温調節をするのも水分の役割

水分には、酸素や栄養素を運ぶ役割のほか、汗となり体温の調整をするというスポーツジュニアにとって大切な役割を担っています。

人のカラダの体温は35～37℃。スポーツをしていると、その体温がどんどん上がってきます。体温が上がり過ぎないようにするために人間は汗をかき、カラダから熱を逃がしていきます。汗は、体温が上昇しないようにコントロールする役割をしているのです。では、運動中に汗をかけないとどうなるのか。足がつったり、フラフラするなどパフォーマンスの低下につながり、熱中症になり、スポーツを続けるどころか、死に至ることもあります。

また、汗はただの水分ではありません。カルシウム、ナトリウム、鉄などのミネラル（→P24～25）も含まれています。ミネラルはカラダの機能をスムーズに動かす役割を担っています。これらのことから、スポーツジュニアの水分補給はポイントをおさえて適切に行うことが大切です。

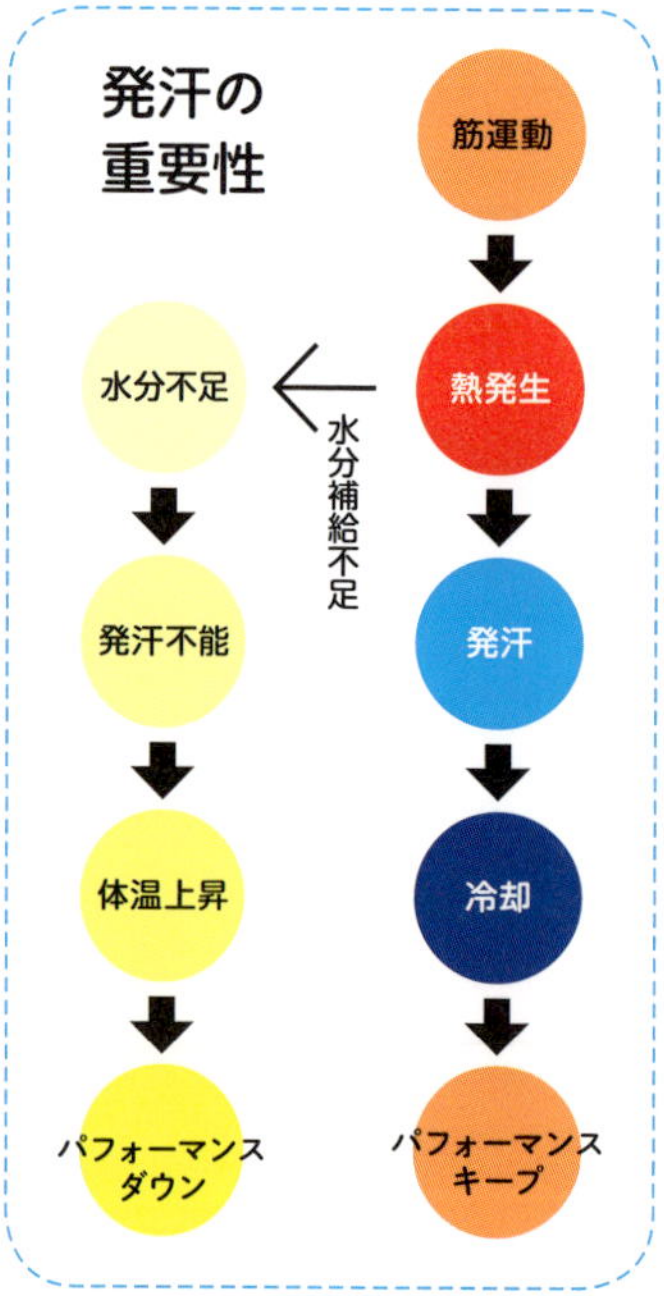

水分の上手なとり方 ポイント4か条

スポーツジュニアは試合や練習に熱中して水分補給を忘れる傾向にあります。熱中するのはよいことですが、より長く、楽しくスポーツをするために水分補給のポイントをおさえる習慣をつけていきましょう。

1 練習や試合の前から水分補給

練習内容、ポジション、試合状況によって思うように水分がとれない場合があります。練習や試合中における脱水を遅らせるために、スポーツをする前から補給しておきます。練習や試合の30分前までに250～500㎖の水分を補給しましょう。

2 のどが渇く前にこまめに少しずつ水分補給

運動中は15分～30分の間隔で200～250㎖の水分を補給します。コップ1杯程度が目安です。人間のカラダが水分を一度に吸収できる量は約250㎖です。一度にがぶ飲みをしても効率よく水分補給ができないので、こまめに飲むことがポイントです。

3 運動中は低糖度・ミネラル入りのスポーツドリンクで水分補給

スポーツ中の汗で水分と一緒に流れ出るミネラルは、お茶やお水だけでは、十分に補給できません。市販されている「スポーツドリンク」はスポーツのためのドリンクなので、スポーツに必要な糖分やミネラルが入っています。さまざまなスポーツドリンクがあり、中には糖分が多く含まれている物もあります。カラダへの吸収スピードを考えると糖分が2.5％の物やハイポトニックと記載されている物がおすすめです。これは、スポーツドリンクをとった後、胃で「ぽちゃぽちゃ」することを防ぎます。パッケージを見て、糖分が何％あるかなど見て選ぶとよいですね。

4 練習前後の体重測定で水分補給の適正を知る

練習前後、体重測定をする習慣をつけます。そうするとどれくらい水分が不足しているのかがわかります。体重が減った分、水分が不足しているのです。体重の約2％が減っていたら、パフォーマンスにも影響するといわれ、さらには脱水状態にあるともいえます。その日の湿度や気温によって違いはありますが、水分補給の目安になるので練習前後に体重を計測する習慣をつけましょう。

この4つのポイント。全部はなかなか覚えられないかもしれません。1～4で自分ができそうなことを、まずは意識していくとよいでしょう。プロ選手の水分補給を見ることも参考になります。

まとめ

水分のとり方4か条を実践しよう

カラダづくりのしくみ❶

筋肉について

「超回復」のメカニズムを知ろう

「大きくなりたい」「強いカラダをつくりたい」という声は、スポーツジュニアからよく聞こえてきます。その気持ちはよくわかります。でも、成長のタイミングは一人ひとり違いますので、焦ることはありません。カラダづくりのメカニズムを知って、今できることを実践しましょう。

筋肉はスポーツをすることで、ダメージを受けます。練習後に力が入らなかったり、カラダが痛かったりすることがしばしばありますね。これは筋肉が傷ついている証拠です。いったんダメージを受けた筋肉は、十分な食事（栄養補給）と睡眠をとることで、ダメージを受けた部分が修復され、より大きくなっていきます。この繰り返しで、少しずつ筋肉がついていきます。これを「超回復のメカニズム」といいます。

どんなに一生懸命練習をしても、食事や睡眠が十分でないと、筋肉を大きくするどころか、疲労が抜けない、ケガをするなど、悪循環に陥ります。練習後はできるだけ素早いタイミングで栄養を補給し、カラダが大きくなる時期のために今から準備しておきましょう。

超回復のメカニズム

筋肉をつけるためには、たんぱく質が必要

カラダづくりの基本の食事は、バランスよく食べることです。中でも、筋肉をつける場合は、筋肉の材料となるたんぱく質を充実させることがポイントです。どんな食品にたんぱく質が豊富に含まれているかは、学習しましたね（→P20〜21）。

たんぱく質摂取量の目安は、体重1kgにつき1gがスポーツをしていない人。スポーツをしている人は練習の分、より多くのたんぱく質が必要で体重1kgにつき2gが目安となります。これはあくまでも目安。

スポーツジュニアは個人差が大きいので、バランスのよい食事を基本に、成長スピード、体調、練習量などを見ながら、たんぱく質量を調整していきましょう。

うららの栄養サポート現場から

「水分をとることを習慣に」

小学生からプロ選手まで、スポーツ選手にとっては水分が命……と表現できるくらい大切な「栄養補給」。試合中ジっと見ていると、低学年になればなるほど、水分をとっていないなぁと思うことがあります。横で見ていて、水筒やボトルを投げ込みたくなるときもあります。ボールを追うことや勝負に一生懸命になり過ぎて、水分をとり忘れてしまう傾向にあるようです。練習中はタイミングを見て、試合中は外から声をかけて、水分をとる習慣をつけるようにしてください。

まとめ

カラダづくりには練習と食事、睡眠が必要です

カラダづくりのしくみ❷

骨について

骨を丈夫にして、ケガをしないカラダに

「骨のある人」（容易に屈しない強い心を持った人）という言葉があるように、骨はカラダの中で大切な存在であることを示しています。スポーツジュニアのカラダを支える大切な組織です。

骨の役割は大きく分けて3つあります。

1 カラダを支える

骨がカラダを支えています。骨がなかったら人は立つことも、座ることもできません。

2 内臓を守る

大事な脳や心臓、肺などをよろいのように守っています。

3 カルシウムの貯蔵庫

骨にカルシウムをためておき、体内で不足すると血液を通して体内に出ていきます。

特に接触が多いスポーツになると、骨が丈夫であることは、ケガをしないカラダづくりの基本となります。ケガ、特に骨折は長期間に渡りスポーツができなくなることもあります。できれば避けたいものですね。骨を丈夫にする、骨折をしてしまっても最速で治すために、骨がどうやってつくられているのかを覚えておきましょう。

カルシウムとともにたんぱく質も欠かせない

骨の構造を簡単に説明します。骨はコラーゲンとカルシウムが主な材料です。コラーゲンとは骨のほかに腱や軟骨、靭帯などを構成するたんぱく質の1つです。コラーゲンが網目構造にはりめぐらされ、そこにカルシウムが付着して骨ができ上がっているのです。建物に例えると、鉄筋部分がコラーゲン、コンクリートがカルシウムです（左図参照）。

骨の成長には2つあります。1つは「身長が伸びる」といった骨が大きくなる成長。もう1つは「骨折しにくい」など骨が強くなる成長です。1つ目は遺伝的な要因が大きいといわれていますが、2つ目は食事やスポーツの影響が大きいといわれています。スポーツジュニアは食事から十

骨の構造

骨の構造を建物に例えると、骨においてコラーゲン（たんぱく質）＝鉄筋、カルシウム＝コンクリートの役割をしている。コラーゲンは骨の体積の約半分、重量の約20％を占め、骨格の重要な構成要素。

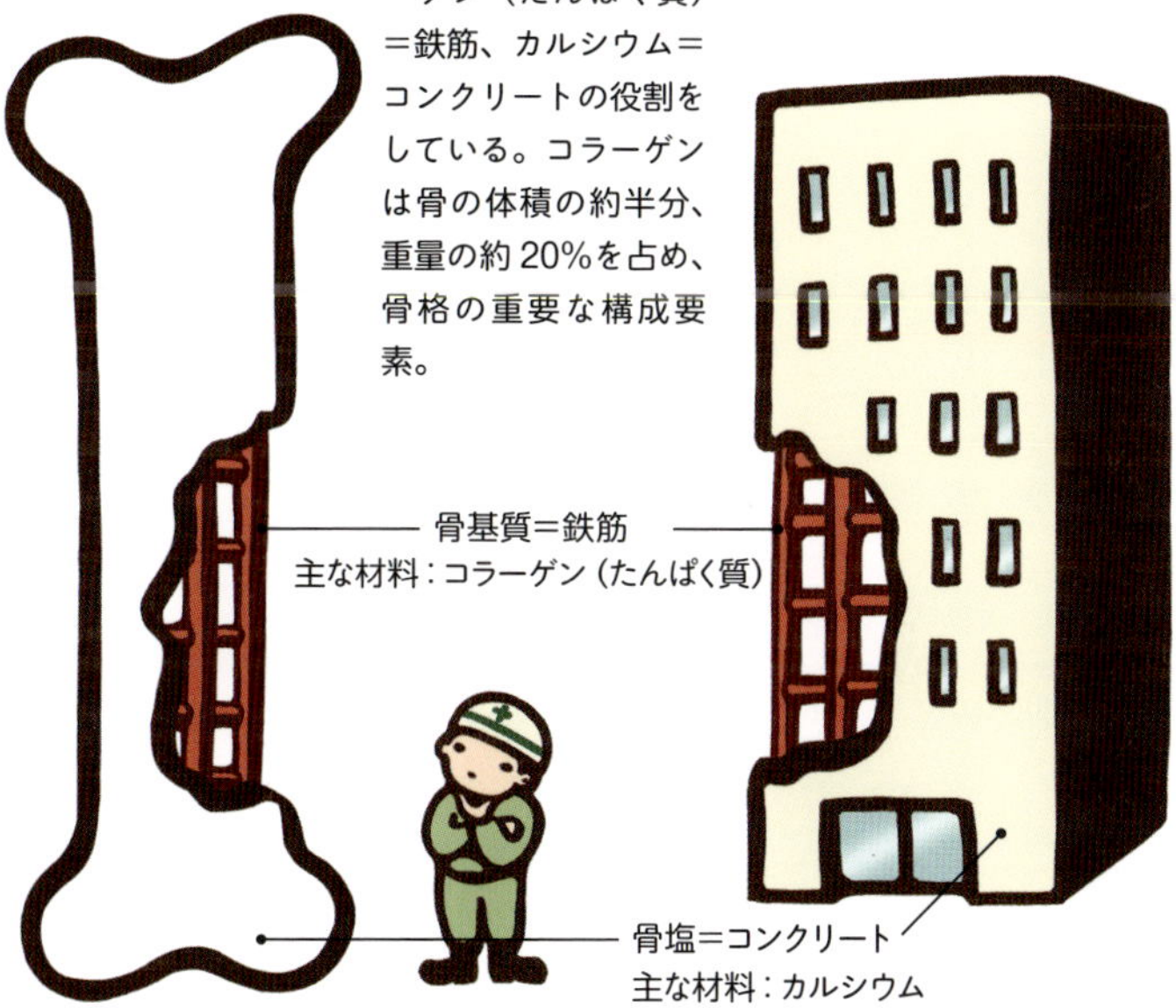

分なカルシウムをとることで、まだまだ骨を強くすることができます。

カルシウムのほかに、骨をつくるもう1つの材料のたんぱく質も同時に、十分にとることが必要になります。特に骨折した場合、折れたところを修復するためにはカルシウム、たんぱく質の両方が必要です。どんな食品にカルシウムが含まれるかは25ページを、たんぱく質は21ページを見てください。

うららの栄養サポート現場から

「〝寝る子は育つ〟は本当？」

サッカーのあるゴールキーパー、身長は約185cm。遺伝なのかしら？　とよく話を聞くと「家族はそんな大きくない」そう。「間食はおにぎりが絶対。ごはんのときは牛乳」「あとは、とにかくよく寝ていて、テレビ番組の話にはぜんぜんついていけなかった。見たいとも思わなかったけどね」とも。大きくなる秘訣はやはりスポーツをして、食べて、寝る、なんですね。

まとめ

強い骨をつくるために、カルシウムとたんぱく質をとろう！

カラダづくりのしくみ❸

血液について

カラダのすみずみまで酸素や栄養素を運ぶ役割

　血液はスポーツジュニアのカラダのすみずみまで、酸素や栄養素を運ぶ役割をしています。その血液の成分「ヘモグロビン（血色素）」は赤色で、主な材料は鉄とたんぱく質です。

　鉄が不足をすると、カラダに酸素や栄養素が行き渡らず、エネルギーが十分につくられなくなり、息切れしたり、スタミナの低下や、貧血などの症状が出てきます。

　スポーツ選手が「貧血」を発症することは少なくありません。中でも「鉄欠乏性貧血」といって、体内の鉄不足によることから起こる貧血が多く見られます。その原因は鉄の摂取量が減ることや激しい練習などで、カラダの中から鉄が失われることから起こります。一度貧血と診断されると、いったん練習を休まなくてはいけない場合があります。

　特にスポーツジュニアは、急激な成長、激しい練習を繰り返し、女子選手の場合では月経が始まることなどにより、鉄不足になる可能性が高くなります。食事で十分に鉄がとれていない場合、知らない間に鉄が不足してしまうことがあります。毎日の食事から、十分に鉄をとるようにこころがけましょう。

多く含むものを活用して鉄を上手にとろう

　鉄には、動物性食品に含まれているヘム鉄と、植物性食品に含まれている非ヘム鉄があります。動物性の鉄ならば肉や魚、貝類。特にレバーは、鉄が断然多く含まれていて効率よく鉄が補給できます。ただ、レバーは好き嫌いがはっきり分かれます。「食べられない」とあきらめずに、下ごしらえをしたり、調理方法を工夫したり、食べる工夫をしてみましょう。ほかにも血液と同じ「赤色」をしている肉や魚には、鉄が豊富に含まれています。貧血予防には「赤色」の肉や魚を選ぶとよいですね。

植物性食品に含まれる非ヘム鉄の場合は、吸収率を上げる方法があります。それはビタミンCと一緒に食べることです。例えば、ほうれん草のおひたしにレモン汁を加える。直接ではないにしても、献立に100％果汁ジュースやカットフルーツを加えることが吸収を上げる賢い食べ方です。

もう1つ覚えておきたい食品があります。それは鉄の吸収を抑制する食品です。タンニンを含むコーヒー、緑茶や紅茶などです。これは鉄の吸収を抑制する可能性があり、サプリメントや鉄剤を飲む場合は、こういった飲料での摂取は避けましょう。

血液の材料

酸素は血液中のヘモグロビンと結合して全身に運ばれます。

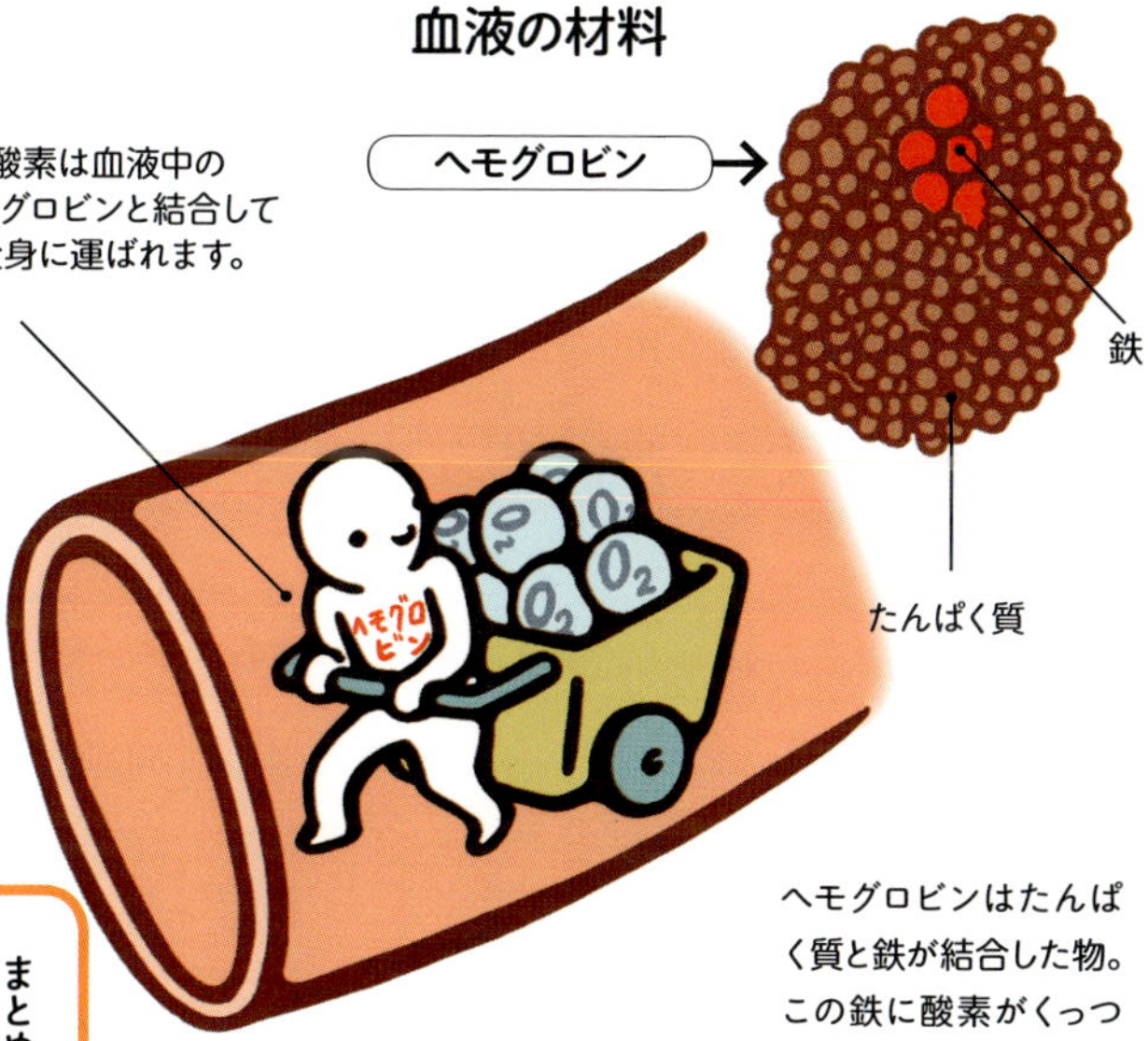
ヘモグロビンはたんぱく質と鉄が結合した物。この鉄に酸素がくっついて運ばれます。

うららの栄養サポート現場から

「日ごろの食事の充実が一番の薬」

「技術はものすごくあるが、持久走で必ずみんなより1周遅れる選手がいる」というコーチからの悩み。1年くらいそれが続いていているとのことです。血液検査をしてみると、貧血という事実が判明しました。治療を始めてしばらくすると、みんなと同じペースが走れるようになりました。今も鉄分が多い食事とサプリメントでケアをしています。一度貧血と判明すると、ちゃんと治療をしていかないとなかなか改善しません。日ごろから、食事で貧血を予防することが本当に大事ですね。

まとめ

血液の材料、鉄とたんぱく質をとって貧血予防

スポーツジュニアのベストメニュー

「栄養フルコース型」の食事

「栄養フルコース型」の食事を味方にしよう

栄養素の働きを頭に入れたら、次はそれをどうやってとるか実践していきましょう。

　私たち「ザバス」では、ジュニアアスリートからトップ選手にまで、栄養満点の食事がとれる、あるパターンメニューをすすめています。それは、「栄養フルコース型」の食事と呼ばれるメニューです。「フルコース」というとフランス料理など豪勢なメニューを想像しがちですが、この「栄養フルコース型」の食事はそういう意味ではありません。先に説明をしてきた、5大栄養素（→P16～17）が全部とれる食事のメニューという意味があります。「栄養」が「フル（全部）」でとれる食事パターンです。このパターンを覚えると、家での食事はもちろん、外食でも栄養満点の食事が食べられます。遠征に行ってあわてることもありません。これが、スポーツジュニアのベストメニューです。

「栄養フルコース型」の食事を覚えよう

「栄養フルコース型」の食事は次の5つの食品をそろえる食事です。

①主食 ②おかず ③野菜 ④果物 ⑤乳製品（写真参照）。

スポーツジュニアがとる栄養素は食事からです。ならば、栄養素で考えるよりも、実際に目で見られる食品で覚えたほうが簡単です。この5つの食品をそろえることでまんべんなく栄養素をとることができて、いわゆる「バランスのとれた食事」になるのです。

　みなさんは、朝ごはん、昼ごはん、夕ごはん、今日の食事を覚えていますか？　自分のカラダの基礎となっている食べた物を覚えておくことも、スポーツジュニアの大事な習慣です。1日分を書き出してみると、何が足りていないのか、何が充実しているのかがよくわかります。自分の体調と照らし合わせてみるのもよいですね。

　あとにも述べますが（→P40～41）、スポーツジュニアは特

「栄養フルコース型」の食事でバランスよい食事を身につけよう!

①主食　ご飯
②おかず　豚肉の野菜巻き（にんじん、さやいんげん）だし巻き卵　豆腐のみそ汁
③野菜　トマトとせん切りキャベツのサラダ　④果物　オレンジ　⑤乳製品　牛乳
それぞれの番号に含まれる、主な栄養素は次のページを参照。

に朝ごはんで、「栄養フルコース型」の食事がそろいにくい傾向にあります。もっと寝ていたい、食欲がなくて食べられない、家族が忙しくて準備ができない……などがその原因です。「朝ごはんをちゃんと食べる」の「ちゃんと」は、この「栄養フルコース型」の食事を食べることを意味しています。スポーツジュニアは、今日からこの「栄養フルコース型」の食事で、食事バランスを整える習慣を身につけていきましょう。

うららの栄養サポート現場から

「きっかけはさまざま、響く時期を逃さない」

ケガをしてしまった、ユース選手。ある日、もじもじしながら「おすすめのメニュー一本ってありますか？」と質問。そのときの私は「？」マークがいっぱい。どうやら、お付き合いしている彼女がケガをした選手のためにお弁当を作ってくれるらしいのです。あ〜、ココロ温まりました。食事に興味を持つきっかけは、人によって違います。ケガだったり、プロ選手のひとことだったり。よく観察して、いろいろなアプローチ方法を見つけていきましょう。

まとめ

「栄養フルコース型」の食事を習慣にしよう！

食品のポジションを覚えよう

「栄養フルコース型」の食事の①～⑤の食品には、どんなものがあるのか覚えて、今の食事に何をプラスするかを考えましょう

①主食

ご飯やパン、麺類（うどん、そば、パスタ）、シリアル、いも類などです。主に含まれる栄養素は炭水化物（糖質）です。走る、蹴る、泳ぐ、考えるなどのエネルギー源となるので、不足することなく食べる必要があります。

②おかず

肉、魚、卵、大豆・大豆製品で、いわゆるメインディッシュ＝主菜です。カラダをつくる材料であるたんぱく質が中心のものです。他にもミネラル（鉄）、脂質もとることができます。スポーツジュニアは、肉好きが多い傾向にあります。もちろん、肉は大切なたんぱく質源ですが、肉だけしか食べないことに問題があります。魚には肉に含まれない栄養素があり、それは大豆・大豆製品にも同様のことがいえます。また、たんぱく質が多く含まれる食品には、脂質も多く含まれています。部位の選び方や調理方法で脂質の増減はできますので、他のメニューと合わせて考えましょう。

③野菜

色の濃い野菜（緑黄色野菜）と薄い野菜（淡色野菜）に分類されます。主に色の濃い野菜にミネラル、ビタミンが多く含まれるので、まずはこちらをとりましょう。濃い野菜はほうれん草、トマト、にんじん、ピーマン、ブロッコリーなどです。どうしても野菜がとれないときは野菜ジュースでもＯＫ。ただし、毎食、野菜ジュースで野菜をとっていると満足してはいけません。新鮮で旬の野菜は栄養価が高く、食物繊維が含まれているので、できるだけ野菜そのものを食べるようにしましょう。

④果物

こちらも大きく分けて２つに分類されます。炭水化物（糖質）が含まれるものと、炭水化物（糖質）とビタミンＣの

「栄養フルコース型」の食事の食品ポジション

両方が多く含まれるもの。食べると甘ずっぱいと感じる果物が後者で、グレープフルーツ、オレンジ、キウイフルーツ、いちご、甘ずっぱくないのですが例外で柿など。前者にはバナナ、ぶどうなどがあります。100%果汁ジュースでもOKですが、1回にとる量はコップ1杯（約200㎖）程度にしましょう。りんごジュースとオレンジジュースでは、オレンジのほうがビタミンCが約7倍多いので、ジュースの選択も意識しましょう。

⑤乳製品

乳製品は牛乳、チーズ、ヨーグルトの3つです。骨や歯の材料となるカルシウムがたっぷり含まれています。他にもたんぱく質と脂質も含まれています。毎食コップ1杯の牛乳をとると、カルシウム強化につながります。他にはポタージュスープやクリームシチューなど牛乳を使ったメニューを取り入れたり、パスタにチーズをかけたりしてカルシウム強化をはかります。

※乳製品のアレルギーがある場合、小魚や色の濃い野菜、大豆・大豆製品などを積極的にとって、カルシウムの強化をはかりましょう。

まとめ

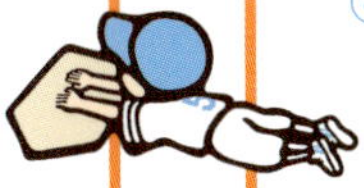

家でも外食でも①～⑤がそろえば「栄養フルコース型」の食事！

食事量の確保のため「朝ごはん」をちゃんと食べよう

食べられないジュニアこそ朝ごはんを見直そう

3食すべて「栄養フルコース型」の食事を食べることが望ましいのですが、まだ食事がたくさん食べられないというスポーツジュニアもいます。そんな場合は、「朝ごはん」の見直しを始めましょう。

朝ごはんは、だれでも寝起きで食べにくいものです。合宿などでスポーツジュニアたちの食事の様子を見ると、例外なく「朝の弱さ」が伝わってきます。より多くの栄養が必要なスポーツジュニア。本来なら1日3食でも追いつかないくらいなのに、朝ごはんをいい加減にすると、昼と夕の2食でその食事量を補わなくてはいけません。ちょっと現実離れしていますね。1日2回の食事では、スポーツジュニアに必要な栄養はとりきれないということです。だから朝ごはんが大事なのです。

朝ごはんの工夫

さらに、朝ごはんは1日の始まりで、ウォーミングアップと考えられます。朝ごはんをとることでカラダのリズムが整います。寝ている間に空っぽになったカラダにエネルギー源を入れることで、血糖値や体温が上昇し、朝からやる気が出て元気に活動ができます。また、排せつのリズムも整ってきます。このように朝ごはんはスポーツジュニアにとって、とても意味のある食事なのです。

朝、食欲がない場合は、10分でも早く起きてみましょう。コップ1杯の水分をとり、少しカラダを動かす。ストレッチでもシャワーを浴びるでも、朝ごはんを作る手伝いでもいいですね。そうしてから食卓につきましょう。ギリギリまで寝ていて食卓につく、それに比べると少しは食欲が出てくるはずです。

「栄養フルコース型」の食事を身につけよう

強く、たくましい選手を目指してたくさん食べたいのに、思うように食べられないと悩んでいるスポーツジュニアが大勢いると思います。焦らずに、「なぜたくさん食べることが必要なのか」を思い出し、少しずつ「栄養フルコース型」の食事を実践していけば大丈夫。〝おいしいものがたくさん食べられる時期〟と思って、食事を楽しみましょう。

うららの栄養サポート現場から

「過ぎたるは……」

あるチームの寮長さんから「100%オレンジジュースがどんどんなくなって困ります！」という悲鳴ともとれる連絡がありました。「果汁100%ジュースがよい」と聞いたユース選手たちが、毎食何杯も飲んでいたのでした。素直に実践する姿勢はすばらしいです。ただ、100%ジュースは糖分が多いので、たくさん飲むとご飯が食べられなくなります。その事件があってから、ジュースは1回にコップ1杯程度におさえることを付け加えています。

まとめ

朝ごはんは大事。朝の充実は、今日1日のカラダの充実にも

スポーツジュニアの頼りになる補食

補食とは

「間食はあまりしないように」といわれるスポーツジュニアも多いのではないでしょうか。

それはどうしてでしょう。間食というと何を想像しますか？ チョコレートやスナック菓子などの「お菓子」を想像しませんか。これらは、口あたりがよくとってもおいしいですね。うまい味を覚えると、毎日食べたくなります。

こんなにおいしいものが、ここではなぜ悪役扱いを受けるのか。それは、菓子類の主な栄養成分が炭水化物（糖質）と脂質だからです。お菓子でおなかがいっぱいになって、本来必要な食事が食べられなくなってしまうことが問題なのです。スポーツジュニアには、たくさんの量の栄養素が必要であることを学んできましたね。お菓子を食べすぎると、成長とスポーツに必要なそのほかの重要な栄養素が確保できなくなってしまうのです。

そこで間食を、3食でとりきれなかった栄養素を補う「補食」と考えるようにします。そうすれば、まだ食事量が少ないスポーツジュニアでも、成長とスポーツに必要な栄養素を確保することができます。

まずは3食の「栄養フルコース型」の食事が最優先。3食でそろえられなかったものや不足しがちな栄養素、練習前のエネルギー補給に「補食」が登場します。例えば、おにぎり、サンドイッチ、果物、牛乳、ヨーグルトなどです。

ただし、お菓子が絶対にだめなわけではありません。1回に食べる量を調節したり、この試合に勝ったら、この練習ができたらなど、自分へのごほうびにしたり、自分なりの食べるルールをつくって上手に付き合っていきましょう。

果物と乳製品を活用しよう

果物と乳製品はスポーツジュニアでも買える最強の補食です。先にも説明をしましたが、スポーツジュニアが不足しがちな栄養素であるカルシウムの強化が乳製品で、ケガやカゼの予防に必要なビタミンCは果物で補給できます。

まとめ

補食は足りない栄養をとる絶好のチャンス！

補食に食べたいもの

おにぎり

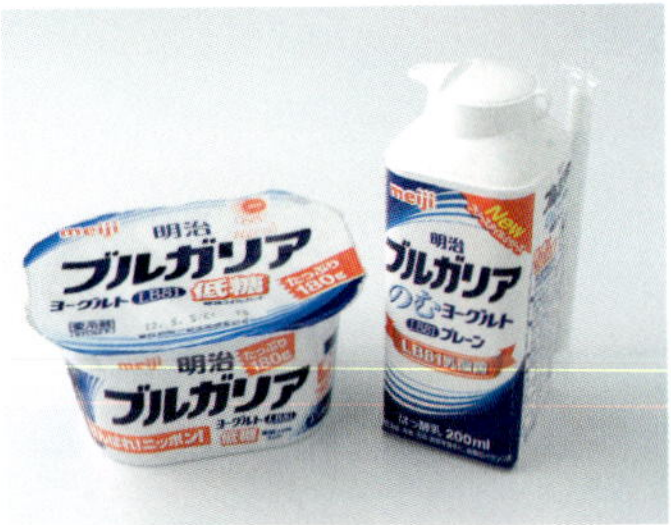

ヨーグルトや飲むヨーグルト

サンドイッチ ＋100％オレンジジュース

あんパン ＋ 牛乳

コンビニエンスストアに行ったときを想像してください。飲み物を選ぶとき、甘いコーヒー牛乳や炭酸飲料に手を伸ばしていませんか。飲むならば100％果汁ジュースや飲むヨーグルト、牛乳にしましょう。そして、チョコレートやスナック菓子ではなく、ヨーグルトやカットフルーツを選びましょう。ちょっとした習慣で、不足ぎみの栄養素を補うことができて、コンディションもよくなっていくはずです。

うららの栄養サポート現場から

「チョコはごほうび？」

フランス人の自転車選手。どこからそんなパワーが出るの？と思うスラッとした体型。日ごろの食生活管理は相当厳しいです。そんな選手ですが、実は、チョコレートが大好き。大きな大会が無事終了すると自分へのごほうびにチョコレートを食べます。幸せそうに。そしてまた、節制の日々。自分のパフォーマンスを維持するために、好きな物にルールをつくってメリハリをつける。その高い意識はスポーツジュニアに見習って欲しい、プロ選手のこだわりです。

朝ごはん（洋食派）メニュー

①主食　トースト（6枚切り）
②おかず　ハム＆チーズ　スクランブルエッグ
③野菜　ミネストローネ　トマト
④果物　キウイフルーツ　100%オレンジジュース
⑤乳製品　牛乳

「栄養フルコース型」の食事の実例

朝ごはん（和食派）　メニュー

①主食　ご飯
②おかず　目玉焼き＋ウインナー
　みそ汁（豆腐、わかめ）
③野菜　ツナサラダ
④果物　100%オレンジジュース
⑤乳製品　ヨーグルト（プレーン）

昼ごはん　メニュー

①主食
②おかず
③野菜

(①主食・②おかず)　ミートソーススパゲッティー
(②おかず・③野菜)　ゆで鶏とブロッコリーのサラダ
④果物　グレープフルーツ
⑤乳製品　ヨーグルト（プレーン）

夕ごはん　メニュー

①主食　ご飯
②おかず　サーモンソテー　納豆　肉じゃが
③野菜　レタスとゆでアスパラ
　　みそ汁（青菜、にんじん、油揚げ）
④果物　オレンジ
⑤乳製品　牛乳

日本人の食事摂取基準

出典：【2010 年版】厚生労働省「日本人の食事摂取基準」策定検討会報告書より抜粋

	（kcal／日）			たんぱく質		カルシウム		鉄	
	女性			男性	女性	男性	女性	男性	女性
	身体活動レベル			推奨量		推奨量		推奨量	
	Ⅰ	Ⅱ	Ⅲ	（g／日）		（mg／日）		（mg／日）	
	・	・	・	・	・	・	・	・	・
	・	・	・	・	・	・	・	・	・
	・	・	・	・	・	・	・	・	・
	1750	2000	2250	45	45	700	700	10.0	13.5
	2000	2250	2550	60	55	1000	800	11.0	14.0
	2000	2250	2500	60	55	800	650	9.5	10.5
	1700	1950	2250	60	50	800	650	7.0	10.5
	1750	2000	2300	60	50	650	650	7.5	11.0
	1650	1950	2200	60	50	700	650	7.5	11.0

	ふつう（Ⅱ）	高い（Ⅲ）
	座位中心の仕事だが、職場内での移動や立位での作業・接客等、あるいは通勤、買物、家事、軽いスポーツ等のいずれかを含む場合。	移動や立位の多い仕事への従事者。あるいは、スポーツなど余暇における活発な運動習慣を持っている場合。

うららの栄養サポート現場から

「プラスになることは、すべてやってみる」

長く、Jリーグの第一線で活躍している選手のお話。ある日、チームの血液検査で貧血ぎみという

	基準体位（基準身長、基準体重）				エネルギーの食事摂取基準		
年齢	男性		女性		男性		
（歳）	基準身長	基準体重	基準身長	基準体重	身体活動レベル		
	（cm）	（kg）	（cm）	（kg）	Ⅰ	Ⅱ	Ⅲ
⋮	⋮	⋮	⋮	⋮	⋮	⋮	⋮
10～11	142.9	35.5	141.4	34.5	1950	2250	2500
12～14	159.6	48.0	155.0	46.0	2200	2500	2750
15～17	170.0	58.4	157.0	50.6	2450	2750	3100
18～29	171.4	63.0	158.0	50.6	2250	2650	3000
30～49	170.5	68.5	158.0	53.0	2300	2650	3050
50～69	165.7	65.0	153.0	53.6	2100	2450	2800

身体活動レベル	低い（Ⅰ）
日常生活の内容	生活の大部分が座位で、静的な活動が中心の場合。

ことが判明。担当の栄養士は「何を食べれば、貧血が軽減されるのか?」という質問をされました。「鉄はレバーやあさりに豊富です」とアドバイスをしたところ、「では、毎日の食事を写真で送るので見て欲しい」ということになりました。

毎日送られてくる食事の写真を見ていると、昼ごはんと夕ごはんの間の補食がレバーでした。その選手は、貧血を軽減するために、2週間ほど3食のほかに補食としてレバーだけを食べに焼肉屋さんに通いました。

サッカーのパフォーマンスがよくなることは、練習はもちろん、食事も含めて、すべて取り入れてみる。そんな徹底した姿勢やサッカーに対する一点の曇りもない情熱が、長くJリーガーでいられる――そして子どもたちに、私たちに夢を与えてくれる存在になるのだと思います。

トップアスリートの食卓 1

中村憲剛

プロサッカー選手

「ただ漠然と練習するのと、
意図を持って
考えながらやるのとでは違ってきます。
食べることも同じで、
考えて食べると違ってきます」

川崎フロンターレではボランチとして、さらに日本代表にも選ばれ、10年以上、第一線で活躍を続ける中村憲剛選手。プロ選手として、自分が思ったプレイができるカラダをつくり上げた秘密を伺いました。

食に興味がないから食べなかった。だからずっとチビっ子でした

——サッカーを始めたきっかけは。

中村　幼稚園の同級生の母親たちが誘いあって「息子たちにサッカーをやらせよう」と、サッカークラブ（府ロクサッカークラブ）に入会させたことです。あまり覚えていませんが、自分から進んで、ではなかったと思います。でも、ボールを蹴るのは好きでしたから、最初は行かされて、それから好きになって今に至っているわけです。

——高校2年生くらいまでは、華奢で小さかったそうですね。

中村　あまり食べなかったですから。今でも、プロとしては、細くて華奢なほうです。小学生のときは、食べることにあまり興味がなかった。母親が出してくれる食事はしっかり食べていましたが、それ以上自分で努力するということはなかったですね。ご飯はお茶碗で1杯か1杯半ぐらいしか食べていなかった。

——好き嫌いはありましたか？

中村　好き嫌いは今よりあったと思います。今は野菜も食べますが、野菜は積極的には食べていなかった。牛乳は飲むとすぐにおなかを壊しちゃうから、今でも牛乳は飲まない。

中学生になってガツガツ食べるようになり高校のときにグンと伸びました

——「食べろ」とはいわれませんでしたか。

中村　いわれましたが、食べられなかったですね。腹が減らなかった。ガツガツとたくさん食べるようになったのは、中学生になってからですね。でも、高校生になっても身長は155cmぐらいで、クラスの女の子よりも小さかったですから恥ずかしかったですよ。

——食に関しての意識が変わったのはいつごろからですか？

中村　高校生（都立久留米高校）になって、監督、コーチから「食べろ」といわれてからです。そのころには食べられるようになって、カラダも大きくなり始めてましたが。でも合宿中、きつい練習で疲れて食べられなくても、尋常じゃない量を食べさせられますからね。無理やり、飲み込んでいましたね。みんな、そういう経験をしてきていると思いますよ。今はそんなむちゃくちゃなことはないですが、当時はありましたから。

——たくさん食べるようになって、カラダが大きくなった。やはり、食べないとだめですか。

中村　そうですね。食べないとだめです。今も、朝ごはんは積極的に食べるほうではありませんが、子どものときは朝ごはんを用意してもらっても食べないことがありましたから。「朝ごはんは大切」といわれていますよね。その通りだと思います。食べる量としては、運動をしない子と同じくらいの量しか食べていなかったと思います。でも、外食が好きで、気分によるものだと思いますが、外食のときにはたくさん食べていました。それで怒られましたけどね。母は悲しかったと思います。

——お母さんは大変だった。

中村　たぶん、食べさせるのに苦労したと思います。高校時代は、3年間弁当をつくってくれました。高校生になって食べるようになったから、弁当だけではぜんぜん足りない。弁当は2時間目ごろに食べて、昼になったら購買でパンとか買って食べるほどになりました。

——小さいころと違いますね。

中村　違いますね。もったいなかったです。ちゃんと食べていたら、もっとガッチリしていたかなと。もっとしっかり3食とって、栄養の情報などを得ていたら、また今とは違った人生になっていたかもと思います。今の子どもたちは、栄養の情報もインターネットなどで得られるのでいいなぁ、と思いますよ。

「ザバス」の栄養指導を受け、どんどん品数が増えてきました

——中村さんは2007年から「ザバス」の栄養指導を受けていますが、何かアドバイスをされましたか？

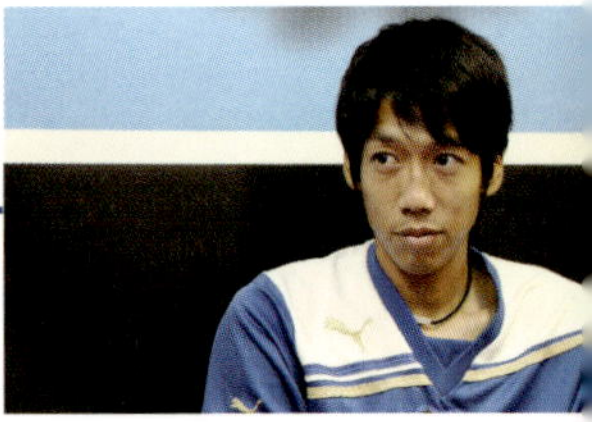

中村　最初の年に食事調査を受けて、食べる量が少ない、朝ごはんの「パンが薄い」っていわれました。パンは1枚、それに目玉焼きくらいでしたから。

——それじゃ運動していない人の朝ごはんですね。

中村　プロとしては少ないですよね。栄養指導されて、サラダがついて、ヨーグルトやフルーツを足されて、どんどん増えていきました。今は、それを全部食べるようにしています。パンも厚切りを買うようになりました。また、乳製品がまったく足りないとも。ヨーグルトも食べていなかったし、チーズも食べなかった。それで、「牛乳がだめならヨーグルト」とすすめられて、ヨーグルトを食べるようにしたんです。ヨーグルトをとるようになってから調子いい気がします。ここ数年ですけど。やっぱり、よいと続けますね。あまりこだわる方ではないですが、練習でも、本でも、いいと思えば取り入れます。

——今は、奥さんがつくったものをちゃんと食べているのですね。

中村　ええ、結婚当初から、奥さんのつくる料理を食べていたんですが、指導を受けて品数がすごく増えましたね。僕がというより奥さんと栄養士さんが連絡を取り合って、相談していますね。食事のことは奥さんまかせです（笑）。

——今は、好き嫌いは？

中村　あまりないですね。嫌いだったトマトも克服しました。トマトは食感がいやで食べられなかった。

——きっかけは。

中村　ワールドカップに行ったとき、1か月ほどホテルに滞在して、バイキングの食事を食べていました。ずっと緑の葉野菜のサラダを食べ続けていて、だんだん飽きてくるわけですよ。それで、トマトを食べてみ

たら、おいしいじゃんって気がついた！　人間極限状態になったら変われますよ。味覚も変わるんじゃないかな（笑）

――ワールドカップのときの食事などは。

中村　代表の時も、普段も食事内容は変わりません。2010年は南アフリカだったので、ホテルに缶詰め状態でしたから、試合のあとにラーメンが出たときはテンションが上がりましたね（笑）。食事は、リフレッシュの一環ですから。

試合前は、うどん、おにぎりと鶏肉。ずっとこのメニューです

――普段のスケジュールを教えてください。

中村　試合は週末。休みは週1回。練習は、1日1時間半だったり、1日午前午後3時間やったり。拘束時間は長くないです。ただ、ものすごくエネルギーを使うので、大変です。

――水分補給は？

中村　自分で管理しています。一度にたくさん飲むのではなくて、こまめに取るようにしています。一度にたくさん飲むと、練習後に食事をたくさん食べられなくなりますから。

――試合のときはどういったものを食べていますか。

中村　遠征のときはホテルのバイキングです。バイキングでは、好きな物がとれるので、自分のパターンができています。

――どんな物を？

中村　肉、魚、ご飯を取って、サラダ、小鉢を選んで、ヨーグルトを取って……、結構食べます。家で食べている物と同じようなものをチョイスしています。

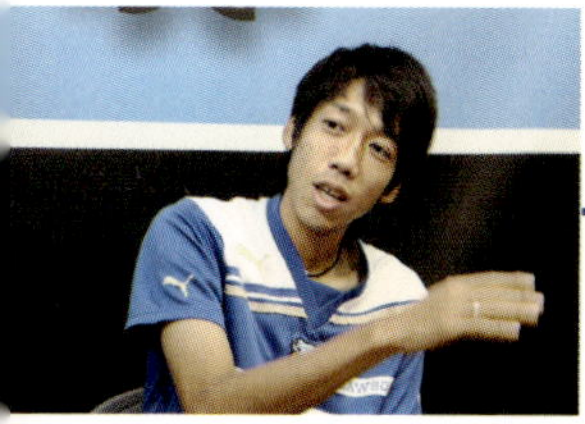

――「栄養フルコース型」の食事が身についているんですね。

中村　そうですね。後は、プロに入ってから自分で試すというか、実験を重ねています。

――どういう実験ですか？

中村　試合の前にカレーを食べたらどうなるかとか。実際、試合の前にはカレーは食べませんけど……。試合の前の食事で、デイゲームのときに脂っこい物を食べたらどうなるとか……試すわけです。年齢も変わってきますので、今の自分に合ったものを探しています。

――今は、試合の前に食べたらいい物は何ですか？

中村　試合当日は、ここ5、6年は同じようなものを3時間前ぐらいに食べます。メニューは、うどんとおにぎりに鶏肉を3切れか4切れ、あとはウーロン茶を飲む。おにぎりの具は梅干しと決まっています。なぜそうなのかよくわからないのですが、梅干しはクエン酸が入っているからかな。

――その食事は家で食べるものですか。

中村　家では食べません。ホームでも、アウェイでも、試合の日は3時間前には全員で集まって食事をする決まりです。食べ過ぎると重くなりますし、食べなさ過ぎると、試合中にガス欠を起こしちゃいますし。それが、体験して導きだした、自分にとって最良の試合前の食事なのです。

――全員同じ物を食べるのではないのですか。

中村　選手によって、何を食べるかはそれぞれ違って、そんなに食べるの！っていう人もいますし、そんだけしか食べな

いのって人もいます。でも、それに関しては、その本人が小さいときからやってきたことなので、他人が口出しすることではないです。重くて動けなくて、途中で交代させられたら、自分の価値が下がりますしね。

練習も漠然とやっても意味がない。食事も同じ。考えて食べることが大事

——練習で工夫されるだけではなくて、カラダのことについても考えてきた。

中村　こうしてインタビューに答えてみて、ああ、いろいろ考えていたんだなぁと気がつきました。

——子どものときに栄養に関する情報があればといっていましたが。

中村　もったいなかったとは思いますが、はたして、情報があってそのときの自分がそれを生かしたかどうかわかりませんね。今だから、そう思うんですよね。

——中村選手が「ちゃんと食べよう」って子どもたちにいっていただければ、必ず伝わります。

中村　そうですか。そこだけ赤字にして、それだけ伝えていただければ。**食事は大事だぞ！**　ということですね。のちのちに、関わってきますから。小学生のときからしっかり食べて、いいパフォーマンスを出せれば、先はどんどん広がっていくと思います。ひょっとしたら、食事次第で変わるかも知れません。それは可能性としての話ですけどね。やれることはやったほうがいいです。食事はその中の１つ。練習と同じくらい大事かもしれません。

——練習はやらなくちゃ、損だといっていますね。

中村　量じゃないんですよね。1時間半でも、ただ漠然と練習するのと、意図を持って考えながらやるのとでは、ぜんぜん違ってきます。食べることも同じで、考えて食べると違ってきます。

——考えて食べる。

中村　小学生では、なかなか、考えながら食べる子はいないと思いますが、もし、いたら僕はすごくうれしいです。楽しんで食事をして、なおかつ、自分のプレイがよくなるような食生活を、家族とつくっていってほしいですね。野菜も、アレルギーなどで食べられないのは別ですが、食べられるのなら、食べないともったいないです。子どものころ食べなかった僕がいっているのですから。その点をしっかり伝えてください。

なかむら・けんご
1980年、東京都小平市生まれ。小学1年生から府ロクスポーツ少年団でサッカーを始め、サッカーに夢中になる。小金井第二中学、久留米高校、中央大学を経て、2003年に川崎フロンターレに加入。‘06～‘10年に5年連続Ｊリーグベストイレブンを受賞。‘06に初めて日本代表に選出された知性派の晩成型で、‘10年には南アフリカＷ杯出場。現在も活躍中である。

© 川崎フロンターレ

2

2章【応用編】

目的別、食事の選び方をマスターしよう

外でごはんや補食を選ぶとき、大事な試合の前後に食べたらよいものなど、日々の生活にすぐに役立つポイントをお話しします。

コンビニ&外食活用テクニック

街の便利屋さんでカスタマイズ

振り返ってみましょう。いつ、コンビニや外食に行きましたか？「さっき」や「昨日」、少なくとも1週間の間に2つのうちいずれかを利用しているのではないでしょうか。どちらもスポーツジュニアの生活に欠かせない場所になっているケースが多いと思います。

そんなときこそ、スポーツジュニアの腕のみせどころです。栄養バランスはもちろんですが、ポイントをおさえて買うと無駄遣いも減ります。自分のカラダにもお財布にもやさしい、コンビニや外食で栄養満点「栄養フルコース型」の食事をそろえるテクニックを覚えましょう。

選び方と組み合わせがポイント

ポイントは「いろいろ入っている物を選ぶ」ことと「組み合わせる」という技です。

スポーツジュニアが栄養不足にならないようにするには、1食1食がとても大切。「おにぎりだけ」や「お弁当だけ」では、必要な栄養素が十分に確保できません。おにぎりも具が入った物を選ぶ。お弁当もいろいろとおかずや野菜が入っているバラエティ豊かな物を選ぶ。そうすることで、エネルギー源の炭水化物（糖質）、カラダづくりのたんぱく質、アシスト役のビタミンなどもとることができます。

組み合わせる物を選ぶときは「目的」を持つこと。選んだお弁当やメニューに何をプラスすれば「栄養フルコース型」の食事になるか考えましょう。

一番やってはいけないことは、何となくコンビニに入ったら新商品が出ていたから、みんなが買っているから……と、なんとなくの衝動買いをすることです。

ここまで説明すると、スポーツジュニアは、何をプラスすればよいかがわかってきたと思います。ポイントをおさえて知識をフル活用し、何をセレクトするかを考える習慣をつけましょう。応用力はスポーツの場面でも必ず生かされます！

おにぎりを選ぶなら

おすすめの具

鮭（たんぱく質）
梅干し（クエン酸）
昆布（ミネラル）

スポーツ前は具はおかず系ではなく、シンプルな昆布や塩おにぎり、梅干しなど。ふだんの食事やスポーツ後には、鮭や納豆、肉が入った物など、おかず系の具材を選びます。具はさりげない栄養強化につながっています。

サンドイッチを選ぶなら

おすすめの具

野菜&ハム（ビタミン B_1）
野菜&チーズ（カルシウム）
野菜&卵（たんぱく質）

コンビニでは不足しがちな野菜が入っている物がおすすめ。試合前にはマヨネーズたっぷりの物は注意が必要。同様にカツサンドなどの揚げ物系は、消化が悪いのでスポーツ前には控えましょう。

コンビニ・お弁当屋さんであなたはどれを選ぶ？

幕の内弁当

から揚げ弁当

牛丼

ハンバーグ弁当

のり弁当

麺類

お弁当のおすすめは、なんといっても「幕の内弁当」。いろいろなおかず、野菜、ご飯も入っています。麺類は、具材がたくさんの物を選びたいです。理想は「幕の内弁当」ですが、おかずがから揚げやハンバーグしかないお弁当の場合もあります。おかずが単品のお弁当を「栄養フルコース型」の食事にする選び方、組み合わせ方を次のページ（56ページ）で紹介します。

コンビニ弁当で「栄養フルコース型」の食事作戦

から揚げ弁当には

＋

サラダ
100%グレープフルーツジュース
ヨーグルト

から揚げがおかずのお弁当。子どもたちに大人気です。①主食、②おかずはばっちり。③サラダ、④100%グレープフルーツジュース、⑤ヨーグルトをプラスすると「栄養フルコース型」の食事になります。サラダにもハムやゆで卵が入っている物を選ぶとたんぱく質もプラスできます。

麺類には
（温泉卵のせ肉うどん）

＋

納豆
100%野菜ジュース
（果汁入り）
フルーツヨーグルト

麺類を選ぶ時はシンプルな物よりも、具がトッピングされている物でたんぱく質をかせぎます。でも、この麺の具だけではスポーツジュニアのたんぱく質は不足します。もう1品おかず（ここでは納豆）をプラスしましょう。さらに野菜や果物と乳製品が合体されている物（ここでは100%野菜ジュースとフルーツヨーグルト）をセレクトすることで「栄養フルコース型」の食事に近づきます。

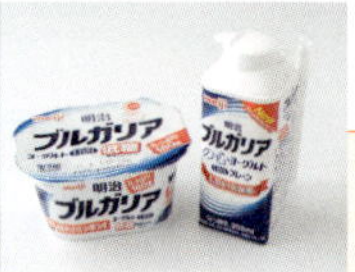

コンビニ弁当に＋《プラス》したいもの

不足しがちなのは③野菜、④果物（100%果汁ジュース）、⑤乳製品。必須アイテムは上の写真のもの。ここで間違えないで欲しいのはドリンク類。まず、果汁ジュースはビタミンCが多い100%の物で、量は1回に小1パック1本（約200mℓ）が限度。糖分が多いので、飲みすぎるとビタミンCよりも糖分のとり過ぎになります。おなかがいっぱいになって、ほかの物が食べられないことがないように、飲みすぎに注意しましょう。

＊文中の○数字は「栄養フルコース型」の食事での5つの食品の番号です（→ P.38～39）。

ファミレス、牛丼店でも「栄養フルコース型」の食事を目指す

牛丼店で

［メニュー］
牛丼、サラダ、みそ汁

早い、安い、うまいの牛丼店はスポーツジュニアにも人気。今はさまざまなサイドメニューが充実していますので、積極的にプラスしていきましょう。牛丼を豚丼に変えるとビタミンB_1が強化されます。疲労回復を助けるビタミンなので、ちょっとバテぎみのときにおすすめ。家に帰ったら100%オレンジジュース（またはグレープフルーツジュースなど）、ヨーグルトをプラスするとより完璧です。

ファミリーレストランで

［メニュー］
チキンと野菜のドリア
サラダ、コーンスープ
100%オレンジジュース

外食でも何をプラスするか考えましょう。①主食と②おかず、③野菜が入っているドリアを選んだら、プラスするのは不足しがちな③野菜と④果物です。ポタージュスープを選ぶと⑤乳製品の強化もできます。野菜不足が気になる場合、スープはミネストローネを選ぶと③野菜がプラスできます。

うららの
栄養サポート
現場から

「買い物のすすめ」

中学２年生のチームで遠征中、グループに分かれて、予算内で夜食を購入しようと実習をしました。スーパーに行くと思い思いに食品売り場へと消えていきました。戻ってきた物をチェックして、会計を済ませた後、商品を買い物袋に入れている選手が「初めて買い物袋に入れた！」と喜んでいました。自分の食べる物がどういう流れで食卓に運ばれてくるのかという、一連の流れを知ることは、食品を身近に感じられるとても大切なことです。日常の買い物は、機会を見つけてジュニアのうちから家族と一緒に行くとよいですね。

試合に備えて食事を ①主食＋④果物中心に切り替えよう

試合前に必要なのは高炭水化物（高糖質）、高ビタミン

毎日の練習の成果は試合で勝つこと。きっとスポーツジュニアの大半がそう思っていることでしょう。でも、思っているだけでは勝ちを手にすることはできません。そのために1番大切なのは毎日の練習と、毎日の食事、睡眠です。この毎日の積み重ねを最大限に発揮するために、助けになるのが、試合前の食事です。試合に向けて、食事も準備していきます。

試合中、カギとなる栄養素は炭水化物（糖質）です。炭水化物（糖質）の役割はエネルギー源で、これをカラダの中でできるだけためておくための食事の方法があります。それは、グリコーゲンローディングまたは、カーボローディングという食べ方です。

食事からとった炭水化物（糖質）は、通常、主に筋肉や肝臓に「グリコーゲン」という形でエネルギー源として蓄えられています。その量を試合に合わせて、できるだけ多くためておくことがポイントになります。例えば、左上のイラストの足。通常の食事ですと筋肉内のグリコーゲン（黄色の点）は点在しています。そこで、グリコーゲンローディングを行うことで、下のようにグリコーゲンが多くなります。

食べ方のポイントは

1　主食、果物を多めにする

2　おかず、野菜、乳製品は控えめにする

この2点です。栄養素でいうと「高炭水化物（高糖質）、高ビタミン」の食事です。

＊文中の○数字は「栄養フルコース型」の食事での5つの食品の番号です（→ P38 ～ 39）。

グリコーゲンローディング（カーボローディング）

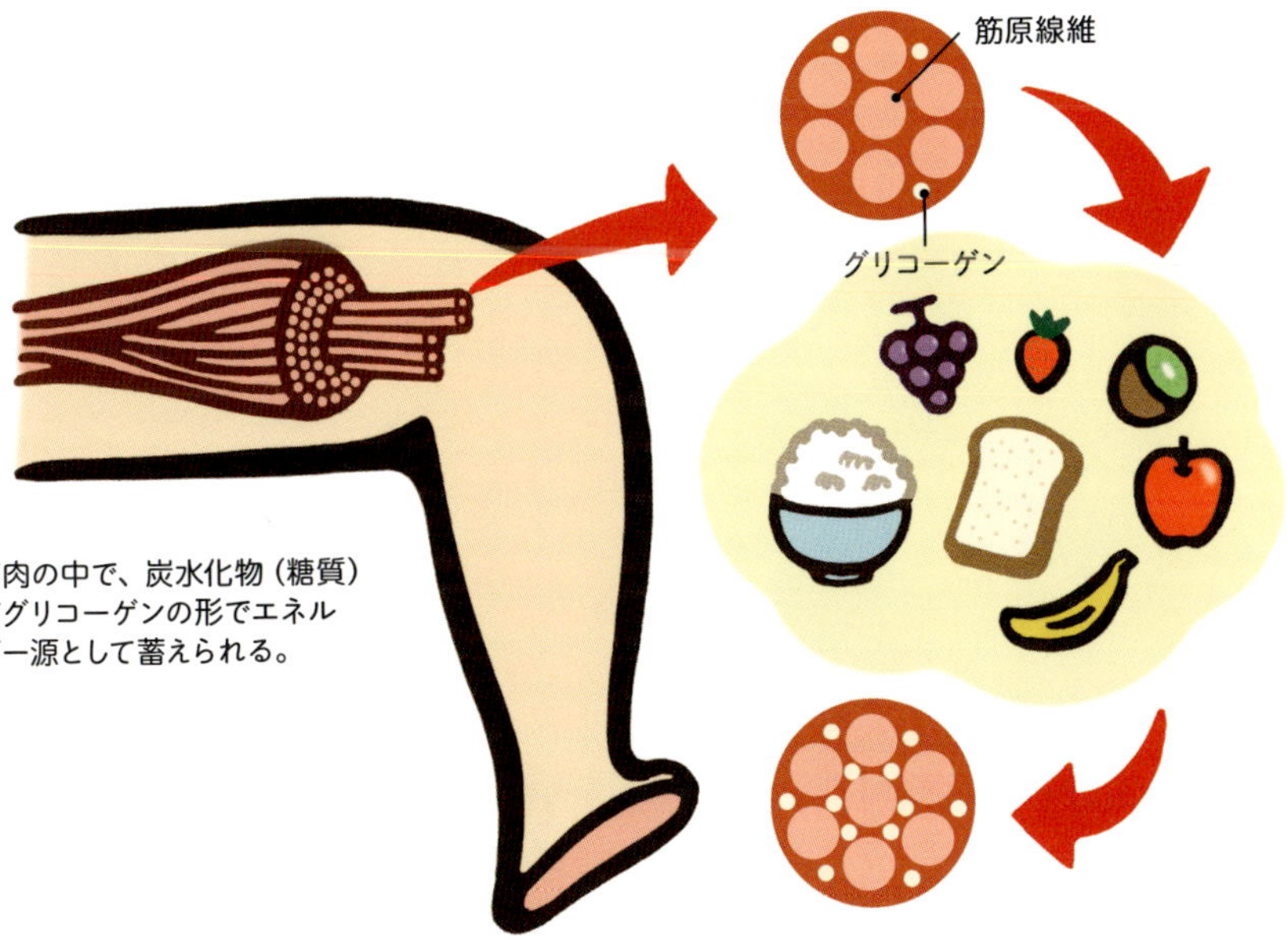

筋肉の中で、炭水化物（糖質）がグリコーゲンの形でエネルギー源として蓄えられる。

カラダを守るビタミンCを多めに摂取

試合前のスポーツジュニアは、気がつかないうちにストレスがたまっています。緊張やプレッシャー、気温の上がり下がりもその1つです。それらのストレスから免疫力が下がり、ちょっとしたことで体調を崩しやすい状態にあります。カゼをひいてしまっては、試合に集中することができません。遠征先での試合なら他の人にうつす可能性もあり、強制送還なんていうことにも……。そんなスポーツジュニアをストレスやウイルスから守ってくれる栄養素は、ビタミンCです。このビタミンCは甘ずっぱい果物からとりやすいので、試合前は①主食とともに④果物を多めにとるように心がけましょう。

グリコーゲンローディングは、時間が長い競技だと3日前から、時間が短い競技は前日の夜から当日にかけて行います。本番でいきなりトライすると失敗につながるので、練習試合などで試すなど事前に食事も練習しておきましょう。繰り返しやってみることで、自分の食べる量、タイミングがだんだんとわかってきます。カラダとココロの準備がそろえば、きっとよいパフォーマンスが発揮できるはずです。

試合前の夕ごはん

［メニュー］

①主食
ご飯
スパゲッティー
カステラ

②おかず
チキングリル
冷ややっこ

③野菜
トマト、きゅうり、レタスのサラダ
みそ汁（玉ねぎ／しめじ）

④果物
キウイフルーツ＆オレンジ
100%グレープフルーツジュース

⑤乳製品
ヨーグルト（はちみつ入り）

試合前の夕ごはんは①主食、④果物を多めにとります。おかずはシンプルな調理方法、煮る、焼く、蒸すのいずれかがよいでしょう。野菜類は食物繊維が多い根菜類は避けます。緊張している試合前や当日は、消化がスムーズにできないため、おなかが張ったり、便のリズムが整わなかったりして、パフォーマンスに影響するからです。また、デザートには、カステラや和菓子など脂質が少なく炭水化物（糖質）が多い物を選ぶことがおすすめです。

＊文中の○数字は「栄養フルコース型」の食事での5つの食品の番号です（→ P38 ～ 39）。

試合前に避けたいおかず

揚げ物
トンカツ
えびフライ
から揚げ
天ぷら
など

こってりソースもの
ハンバーグ
カルボナーラなど

根菜もの
筑前煮（いり鶏）など

なま物
刺身

揚げ物などこってりした物は脂質が多く、消化に時間がかかり胃腸に負担がかかるので避けます。63ページの「食品の胃内滞留時間」を参考にしてください。さらに、なま物や食べ慣れない物は、試合前や当日の緊張感から消化吸収能力がスムーズに行われないことがあるので避けましょう。

試合当日の栄養戦略

試合開始時間から逆算する

さぁ、試合当日です。当日は左図のように、時間にそって、栄養戦略をたてていきます。試合前に必要な栄養素は、なんといっても炭水化物（糖質）です。試合開始時間の3～4時間前に炭水化物（糖質）の多い食事をすませます。これは、炭水化物（糖質）の消化時間を考えて、ご飯やパン、麺類など、腹もちのよい主食系の物と果物を。1時間前には、果物、果汁ジュース、エネルギー系のゼリーがおすすめです。そして、30分前にはもう固形物はとりません。スポーツドリンクやエネルギー系のドリンクです。直前までエネルギーをとりこむ場合は、あめやブドウ糖のタブレットなど、すぐにエネルギーになる物を食べてカラダの中はエネルギー満タンの状態にしておきます。

「いつもと違う」体調に合わせた食べ方

試合前は、緊張していたり、遠征で環境が変わっていることも手伝って、消化吸収能力はいつもより低下しています。食欲が落ちていることもあるでしょう。消化吸収を助けるためにも、よくかんで食べるように心がけましょう。それでも、食欲がなく、朝ごはんが思うように食べられない場合は、焦らず、少しずつでよいので、脂質の少ない菓子パンや果物、エネルギー系のゼリーを口にするようにしましょう。

うららの栄養サポート現場から

「試合当日の応援弁当」

試合当日のお弁当というのは、炭水化物（糖質）がメインでパターンが決まってしまい、子どもたちが飽きていないかという気持ちになります。でも、子どもたちに聞いてみると「いつもと同じがいい」という答えが返ってくることがほとんどです。これは、プロの選手も同じ傾向です。つくる側はワンパターンに思うかもしれませんが、子どもたちは飽きていないようです。ここぞという試合当日。自信を持って、試合に役立つ、いつもの「応援お弁当」を準備しましょう。

試合当日のエネルギー補給

試合開始	直前	30分前	1時間前	3〜4時間前
	●あめ ●ブドウ糖 ＊すぐにエネルギーになるもの	●エネルギー系ドリンク ＊固形物は避け、糖分が含まれているドリンクなど	●エネルギー系ゼリー ●果汁ジュース ●バナナ ＊果物、果汁、糖分が含まれているゼリーやドリンクなど	●はちみつトースト ●カステラ ●力うどん ●おにぎり ●オレンジ ＊腹もちのよい主食系の物と果物

食品の胃内滞留時間

	食品名	目安量	胃内滞留時間
たんぱく質を多く含む食品	半熟卵	100g（2個）	1時間30分
	生卵	100g（2個）	2時間30分
	卵焼き	100g（2個）	2時間45分
	刺身（ひらめ）	100g	2時間30分
	焼き魚（ひらめ）	100g	3時間
	天ぷら（えび）	100g	4時間
	ビーフステーキ	100g	4時間15分
炭水化物（糖質）を多く含む食品	おかゆ	100g（½膳）	1時間45分
	一口おにぎり	50g（小½膳）	1時間45分
	おにぎり	100g（小1個）	2時間15分
	餅	100g（小2枚）	2時間30分
	うどん	100g（½玉弱）	2時間45分
	バナナ	100g（1本）	1時間45分
	りんご	100g（小½個）	1時間45分
	エネルギー系ゼリー	200g（1本）	45分
	ブドウ糖タブレット	5g（5粒）	5分

出典：城田知子ほか『イラスト栄養学総論』より加筆

※胃内滞留時間には個人差があります

試合当日の朝ごはん

［メニュー］

おにぎり（鮭、梅干し）
ミニうどん（餅入り）
バナナ＆オレンジ
ヨーグルト（はちみつ入り）

↑　うどんや餅をいつもより柔らかめにしておくことで消化吸収を助けます。おにぎりも、選手に合わせて、食べやすい大きさに握るとよいでしょう。おにぎりの具はシンプルな梅干しなどがベストです。

↓　食パンにはジャムを塗って、ヨーグルトにはちみつをかけ、エネルギーを確保します。その代わり、バターは少なめにしましょう。牛乳はおなかを壊すスポーツジュニアもいますので、体質に合わせて、ヨーグルトや豆乳に変えましょう。

［メニュー］

食パン（ジャム、はちみつ）
シリアル
キウイフルーツ＆オレンジ
牛乳

試合後は30分以内が勝負です

試合直後は炭水化物（糖質）とたんぱく質

試合後はカラダもココロもクタクタな状態です。勝っても負けても、この状態を回復させることが先決です。まず、試合後30分以内を目安に栄養補給をします。内容は炭水化物（糖質）とたんぱく質を組み合わせてとります。そうすることで、試合で使ったエネルギーをすばやく回復することができて、疲労回復が速やかになります。例えば、100％果汁ジュースとサンドイッチ、バナナと飲むヨーグルト、牛乳とあんパン、鮭や肉系が入ったおにぎりなどです。

　そうはいっても試合直後は、勝敗によって気分も違うし、カラダも興奮していてなかなか食欲がわかないこともあります。その場合は、炭水化物（糖質）とたんぱく質が入ったゼリードリンクをまずとっておきます。

夕食は好きな物で「栄養フルコース型」の食事を

試合日の夕ごはんはスポーツジュニアの好きなメニューで「栄養フルコース型」の食事をそろえると、試合で疲れきったカラダとココロに栄養が行き渡ります。1日を振り返ると、試合のために、エネルギー補給がメインの炭水化物（糖質）中心の食事になっています。カラダを修復するためのたんぱく質や、失ったビタミン、ミネラルが不足しないようにすることも、次の日に疲労を残さないポイント。あとは、早めに就寝して睡眠時間を確保しましょう。

うららの栄養サポート現場から

「お弁当どうしよう！」

ある小学6年生のサポートチーム。遠征で試合に来ていたとき、提供されたお弁当の中にから揚げを発見。試合前だから、油物は避けたい。でも、出された物は全部食べる決まりがチームにはあります。悩みぬいた彼らはお弁当を提供してくれた試合の運営スタッフに「勝つためには試合前の揚げ物はダメだと教えてあげないといけない」といいに行きそうになりました。もちろん、コーチに止められました――。ここで彼らは、理想の食事はあるけれども、食べる物が充実していない環境でも、何でも食べてスポーツをする力を身につけることの大切さを学びました。

うららの栄養サポート現場から

「試合の差し入れ」

試合の際、チームへの差し入れに頭を悩ませる保護者の方々も多いと思います。差し入れは、「物」その物よりも「応援する気持ち」が大切だと考えているので、セミナーなどで差し入れの内容をお話することはありませんでした。ところが、あるチームで栄養セミナーをしてしばらくすると、差し入れの内容が激変していました。最初は栄養ドリンクやアイスクリーム、お菓子などが多かったのですが、気が付くとバナナやオレンジジュース、エネルギー系ゼリーなどに変わっていました。それに気付いた選手が「自分たちのことを考えてくれていて、一緒に戦っているみたい」と喜んでいました。それからは、セミナーなどでも差し入れの考え方のお話もするようになりました。

摂取タイミングの違いによる筋グリコーゲンの回復比較

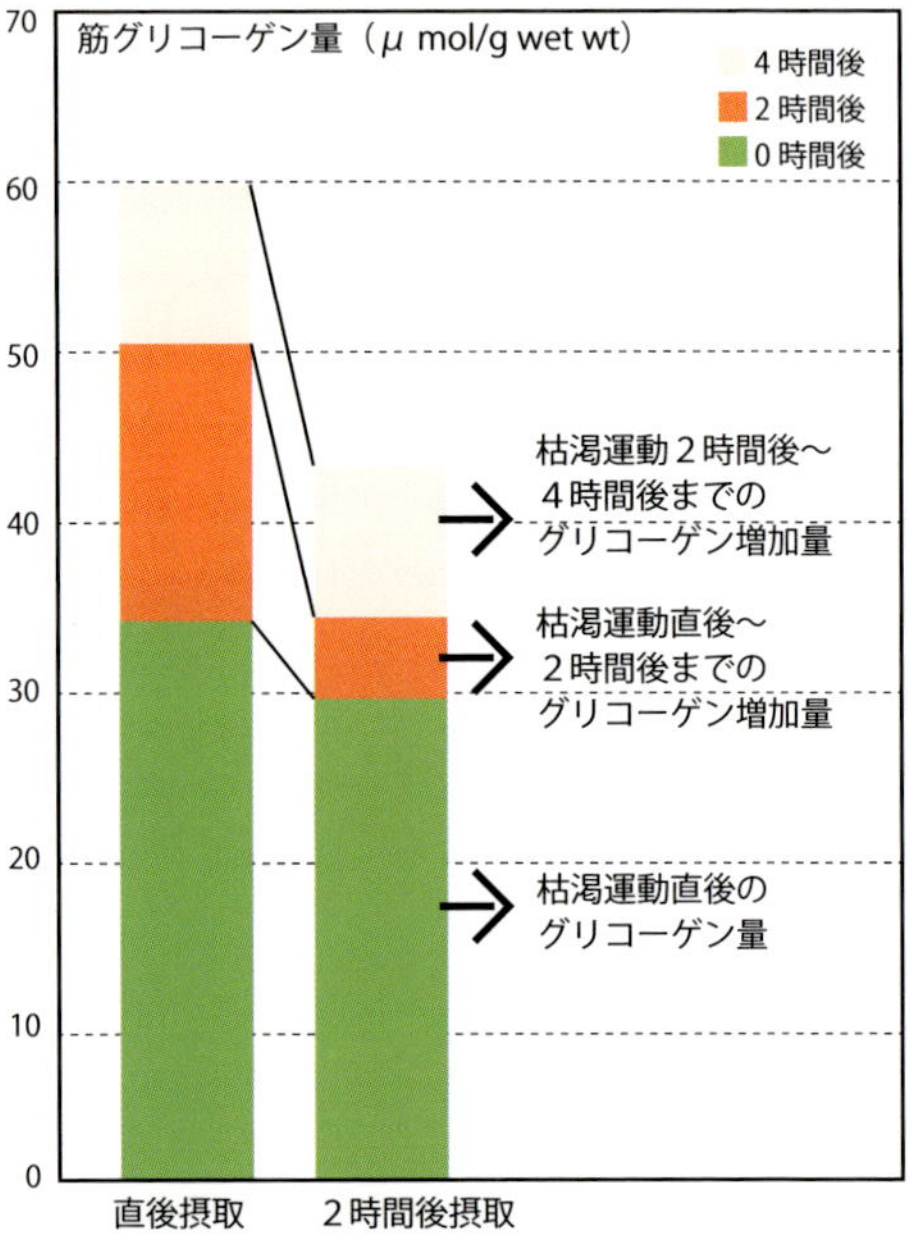

(Ivy JL, *J Appl Physiol.*64(4):1480-5,1988)

運動直後のなるべく早いタイミングで、炭水化物（糖質）を摂取することで運動後の回復に有効。目安は30分以内です。

試合後に食べたいもの

速やかな疲労回復のために、試合直後30分以内は炭水化物（糖質）とたんぱく質の組み合わせが望ましいです。胃腸に負担がかからないように、脂質の多い物は避けるとよいでしょう。

牛乳とあんパン、鮭や肉系が入ったおにぎり、100%果汁ジュースとサンドイッチ、バナナと飲むヨーグルトなどです。

＊文中の○数字は「栄養フルコース型」の食事での５つの食品の番号です（→ P38 ～ 39）。

試合後の夜は好きなメニューで「栄養フルコース型」の食事

おすすめメニュー1

①主食
ご飯
②おかず
サーモンソテー
納豆
肉じゃが
③野菜
レタスとアスパラガス
青菜のみそ汁
④果物
オレンジ
⑤乳製品
牛乳

試合後の夕ごはんは、好きなメニューで「栄養フルコース型」の食事をそろえます。食欲は視覚でも影響されます。あまりお皿がたくさん並んでいると、それだけで食べる気にならないこともあります。皿数少なく「栄養フルコース型」の食事がそろうメニューにすることも、たくさん食べられるようにする技です。例えばカレーライスは、ご飯、肉、野菜がそろいます。それにフルーツヨーグルトを添えれば２皿で「栄養フルコース型」の食事になります。一見手抜きをしているように見えますが、スポーツジュニアのカラダとココロを気遣ったメニューになっています。

おすすめメニュー２

①主食＋②おかず＋③野菜
カレーライス
（ご飯、豚肉、じゃがいも、
なす、にんじんなど）
④果物＋⑤乳製品
フルーツヨーグルト

サプリメントは目的を持って、安全、安心な物を選ぶ

サプリメントとは
栄養補助食品＝不足を補う食品

今やドラッグストア、コンビニエンスストア、スポーツ店、またはネット販売などでも手軽に購入できる、身近なサプリメント。スポーツジュニアが目にして、気になるのは当然です。では、いったいサプリメントの正体は何なのでしょうか。

スポーツジュニアの保護者の方から「サプリメントはとってよいのでしょうか、悪いのでしょうか？」という質問を多くいただきます。とってよいか悪いかということでいうと、「よし」です。食品ですので、決して悪い物ではありません。

ただ、サプリメントを活用する考え方、活用方法を間違えないことが大切です。サプリメントは「栄養補助食品」と呼ばれ、食事では補えない栄養素を補助する役割の食品です。目的は補助をすることです。

今まで、長きにわたって、スポーツジュニアの食事についてお話をしてきました。食事の重要性、食事を味わうことの大切さ。スポーツと成長に見合った食事量、バランスを考えて食べていれば、カラダとスポーツに必要な栄養素は食事からとることができます。必要な栄養素は食事からとる、それがスポーツジュニアにとっての基本です。まずは食生活、食事内容を、できることから整えていくことが大切です。

なぜ必要かを考えよう

スポーツジュニアがサプリメントを活用したいと思うには、何か目的があるはずです。その目的はいったい何かに注目してみましょう。漠然と「よさそうだから」や「○○くんが使っていたから」「○○さんにすすめられて」という理由が、多く聞こえてきます。

本当にその理由でよいのでしょうか。食事内容、目的はスポーツジュニア個人によってそれぞれです。たんぱく質

※ドーピングとは、競技力を高めるために薬物などを使用したり、それらの使用を隠したりする行為のことです。

が十分にとれているのに、プロテインを活用していたなんてこともおきかねません。何が不足をしていて、何が必要か、それはなぜなのかを、本人はもちろん、保護者、指導者の方々がよく理解をすることが必要です。そして、食生活、食事を改善するように心がけましょう。それでもどうしても補いきれないときに、初めてサプリメントの出番がきます。考えられる目的例を左下表に挙げています。

次に、選ぶ物や選び方の基準も大切です。今の時代、インターネットで気軽にサプリメントが購入できます。その商品に何が含まれているのか十分に確認しないまま購入する方も多くいます。その中には必要のない成分が入っていたり、パッケージのイメージで目的とは異なる物だったり、さまざまなトラブルがおきています。そのトラブルを避けるために、スポーツ店やドラッグストアなどの店頭で手にとって、裏面をチェックしてください。成分やアレルギー表示など裏面に商品の内容が紹介されています。さらに、質問ができるようにお客様相談窓口の連絡先も記載されています。わからないことは、そこにどんどん質問するとよいでしょう。

もう1つチェックしておきたいことは左上の「ＪＡＤＡマーク」です。このＪＡＤＡマークは日本アンチ・ドーピング機構が「ドーピングに触れる成分は入っていません」と認めた商品につけられるマークです（ドーピングについては、ＪＡＤＡのホームページ参照）。スポーツジュニアが食べる物。何が入っているかわからない物より、安全で安心な物を選ぶことが大切なのです。

JADAマーク

ザバスは
（公財）日本アンチ・ドーピング機構の
公式認定商品です。

ザバス
ジュニアプロテイン
ココア

ザバス
ジュニアプロテイン
マスカット風味

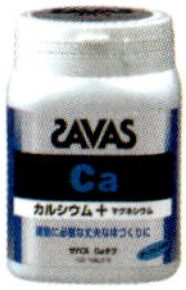

ザバス
Ca タブ

ザバス
Fe タブ

ザバス
エナジーメーカー
ゼリー

ザバス
スポーツウォーター

サプリメントはこんなときに活用

- スポーツ場面でどうしても食事が十分にとれないとき（練習、合宿、大会など）
- 練習後、家に帰るまでに時間がかかるときの補食に
- 練習後のすばやい疲労回復に
- 少食のときの栄養補助アイテムとして

（公財）日本アンチ・ドーピング機構（ＪＡＤＡ）のアドレス　http://www.playtruejapan.org/

「助けてザバス!」こんなときはどうしたらいいの?

スポーツジュニアから、また保護者や指導者の方から「ザバス」に寄せられる質問をあげました。

Q 試合が1日に2回。間に何をとればいい?

A 試合の時間を見て①主食+④果物を

ジュニアの試合になると、1日に2回、種目によっては4回~5回などのトーナメントの場合がありますね。その際に何を食べるかが、試合の勝敗やパフォーマンスに関わってくることもあります。

いずれの場合も、試合と試合の間は主にエネルギー補給を目的とした食事をとります。内容は炭水化物(糖質)とビタミンCがメインの①主食、④果物です。量については、状況や個人差があるので自分で調整して、自分の量を見つけていきます。注意する点は、食べすぎておなかがいっぱいで気持ちが悪くなったり、反対に〝重くなる〟ことを恐れて、ほとんど食べずにスタミナ切れになることです。

消化時間を考えて、1試合目が終わったら次の試合までの時間がどのくらいあるかを、あらかじめ自分で把握しておくことが大切です。例えば、30~45分以内の場合、エネルギー系ゼリーや果物、糖分入りのスポーツドリンクなど消化吸収のよい物がベストです。

それ以上時間がある場合は、果物やカステラ、あんパンなどの脂質が少ない菓子パン。一口サイズのおにぎりやサンドイッチなどの軽食を食べます。

お弁当を持参する場合に気をつけたいことがあります。①主食、②果物中心のお弁当にすることと、おかずの調理方法です。「カツで勝つ」「ウィンナーでウィナー」など……縁起を担いだ語録はたくさんあります。ここはせっかくなので、スポーツジュニアの栄養の知識を活用しましょう。揚げ物は避け、焼く、蒸す、煮るなどの脂質の少ない調理方法がベストです。

あとは、水分補給も忘れずに。スポーツジュニアの試合はやることがたくさんですね。でも、その準備が、試合中のパフォーマンスにつながってきます。

Q カゼをひいてしまいました

A むりをしないで、ちゃんと休む。早めに申告を

どんなに気をつけていても、カゼをひいてしまうことがあります。おや?! おかしいぞと思ったら、すぐに対策を始めましょ

＊文中の○数字は「栄養フルコース型」の食事での5つの食品の番号です(→ p.38 ~ 39)。

う。まずは、お医者さんに行って下さい。

食事では、消化のよい、胃腸に優しい物を食べたり、温かい汁物やスープをとるようにしましょう。それと、ビタミンがとれる、野菜や果物を積極的に食べるようにしましょう。

本格的に症状が出てしまって食欲がない場合は、無理矢理食べる必要はありません。発熱などで、脱水の可能性が出てきますから、水分補給を心がけるようにします。スポーツドリンクはミネラルや糖分が入っているので、ここでも力を借りることができます。そして、回復してきて、徐々に食欲が戻ってきたら、おかゆや柔らかく煮込んだうどんなどを食べるようにしていきましょう。

カゼにかからないためにも毎日の「栄養フルコース型」の食事、「水分補給」を心がけましょう。さらに、食事と合わせて、カゼをひかないためにふだんの生活から予防が大切です。手洗い、うがい、マスクをする、睡眠を十分にとる。日常のこんな習慣がカゼウイルスから身を守る対策なのです。

遠征中、カゼだとわかると部屋に隔離されたり、強制送還されたりする場合があります。それを恐れて、カゼの申告が遅れる選手がいます。そうすると、そのチームにカゼが蔓延して、全滅なんて恐れも……。チームメイトのためにも、遠征中は隠さずに必ず、自己申告してくださいね。

Q ケガをした！　どうしましょう

A たんぱく質やカルシウム、ビタミンCをたっぷりとること

激しいスポーツをすれば、ケガとは隣り合わせ。ケガをしたら、まずは最速で治すことに集中します。そんなときも食事でいろいろなケアができます。

まずは、骨や筋肉の材料である、たんぱく質を充実させます。骨のケガの場合はカルシウムの強化も必要です。同時にたんぱく質の接着材となるビタミンCです。さらにケガというストレスケアのためにも、ビタミンCを積極的にとる必要があります。こうして、傷ついた部分の修復材料を充実させます。

そして、エネルギー源となる脂質、炭水化物(糖質)をいつもより少なめにします。なぜなら、ケガをしたほとんどの場合、運動量が落ちて、消費カロリーが少なくなるからです。いつもと同じように食べていると、カロリーオーバーに。長期のケガの場合、余分なエネルギーが体脂肪となって、カラダのおもりになる可能性が高くなるので、脂質を減らしましょう。体脂肪というおもり……大変です。カラダの組成が変わって、復帰した時に思ったように動けないということは避けましょう。

Q 夏バテになりやすいです。どうしたらよいでしょうか。

A 炭水化物（糖質）に偏らない食事と水分補給がポイント

夏休みに大会や合宿を行うスポーツジュニアも多いはず。夏バテ対策の基本をおさえておきましょう。

夏になるとのどごしがよく、食べやすい麺類が多くなる傾向になります。また、暑さのあまりに、冷たい物や飲み物でおなかがいっぱいなんてこともあるでしょう。そうすることによって、カラダに必要な栄養素が十分にとれないという状況に、知らず知らずのうちに陥ります。

人間は食べるだけで体温が上がります。特にたんぱく質を多く含む食品を食べることによる体温上昇は、他の栄養素に比べて高いです。防衛本能として夏にはたんぱく質が多い物よりも、炭水化物（糖質）が多い物に偏りがちです。その偏りを防ぐには、麺類にもおかずをのせましょう。例えば、冷やし中華の場合、卵やハム、野菜なども一緒にのせて食べます。

もう1つ、夏バテの大きな要因として挙げられるのが、いい加減な水分補給です。

水分補給のページで確認した「水分の上手なとり方ポイント4か条」（→P29）を実践するだけで、夏バテを防ぐことができます。気温が高い中でスポーツをして、その後、水分を一気飲み。これで、胃の中は半分以上が水分になります。そうすると、おなかがいっぱいになって、食欲はなくなり、食べたとしても、胃酸（胃で食べ物を消化させるために出るもの）が薄まり、うまく栄養吸収ができなくなる。結果、栄養不足に。それがバテにつながっています。夏バテしがちなら、水分補給の見直しにもとりかかってみましょう。

バテてしまったら

豚肉を食べよう

豚肉には疲労回復を助けるビタミンB_1がトップクラスで含まれます。ハムなどの豚肉の加工食品も、ビタミンB_1を含むので活用しましょう。

スパイスを活用

香辛料には食欲増進を助ける働きがあります。カレー粉やしょうが、とうがらしなどでピリッと刺激を入れましょう。

すっぱい物も食べよう

すっぱい物にはクエン酸や酢酸が豊富に含まれています。この酸味が夏の疲労には有効です。酢の物や梅干しなどをとり入れてみましょう。また、酢には殺菌作用があるので、夏場のバイ菌対策にもなります。

Q どうしても小食です

A とにかく焦らないで。少しずつ量を増やし、楽しい雰囲気づくりを

たくさんの食事量をとらなくては！　と一生懸命〝食べるトレーニング〟を積んでいるスポーツジュニアは数多くいます。実際にプロになった選手でさえ、中学生のときは食事量が少なく、食べるスピードが遅い選手がいました。

栄養補給をするためとはいえ、本来食事は、リラックスする場所で、楽しみながら食べたいですね。ただ、チームで行動する、合宿や遠征の食事は量や時間が決められていることが多く、食べられない選手にとっては、厳しい時間になるでしょう。そうなると、食事のおかげで、遠征に行くのが嫌……となる子どもも出てきます。合宿や遠征で、急に「たくさん食べよう」といっても無理な話です。なぜなら、カラダがその準備ができていないからです。

こうした状態を防ぐためには、子どもたちの食べようとする少しのがんばりと保護者の方々の協力が必要になります。家での食事で気をつけたいことは、「とにかく食べろ」「食べないから身長が伸びない」などのプレッシャーの言葉をかけないことです。子どもたちはチーム内などで食べることやカラダの大きさへのプレッシャーを十分に感じています。さらに追い打ちをかけるように、家での食事でも同じようなプレッシャーを受けると、焦りも出ますし、食事が嫌なものになります。また、保護者の方々も「自分の食事が悪いから」「食べさせられないから」という不安や焦りを持つことにつながるのではないでしょうか。

焦らないことが一番です。家での食卓では、時間が許す限り、いろいろな話をしましょう。学校や練習での出来事、楽しかったこと、悔しかったことなどです。話すことでリラックスし、気分が落ち着き、食欲も出てきます。そして、少しずつ、自分のペースで食事量を多くしていく方法を試してみましょう。毎日、一口だけでもいいです。お茶碗によそう量を多くしてみましょう。また、朝ごはんを見直してみるのもよいでしょう（→P40～41）。そうすることで、知らないうちに食事量が多くなっていきます。

同時に指導者の方々は「なぜ食事がたくさん必要か」を子どもたちに話をしていくことが大切です。例えば、「○○選手は強くなるために、こんな食事をしているらしい」とか「今日はよく走ったし、いつもより多く食べておけばもっとパワーがつくぞ」とか。ある指導者の方はトレーニングの後に「今日はたくさん走ったなぁ。その材料って次のうちどれだと思う？」など簡単なクイズを出していました。こうした、毎日の繰り返しの中で子どもたちに、食事の大切さ、必要性を気づかせることが大切なのです。また、栄養士やスポーツ栄養アドバイザーなどの専門家から話を聞く時間を設けることで、子どもたちに新たな刺激を与えることも1つの手段です（そのときは声をかけて下さい）。食に興味を持っための「ザバス」の活動も参考にしてください（→P122～124）。

嶋基宏

プロ野球選手

「1年でも、1日でも
長く野球を続けたいと
思っています。
そのために、なるべく
食事には気を付けています」

東北楽天ゴールデンイーグルスで正捕手として活躍する嶋 基宏選手。大学に入って捕手にコンバートされ、そこでの出会いからプロを目指すことに。太めの子ども時代からプロになるまで、嶋選手の食事についての考えを伺いました。

子どものころは太ってました。ゲームをしながらお菓子を食べてましたから……

——嶋選手、現在は身長179㎝、体重は82㎏ですが、子どものころの体格はどうでしたか？

嶋 子どものころは身長何㎝かは忘れましたが、小さくてかなり太っていました。ゲームしながら、お菓子を食べていましたから。よくないですよね。

——子どものころ、好き嫌いはありましたか？

嶋 好き嫌いはなくて、母親がつくってくれたものを全部、きちんと食べていました。どんぶりめしをかきこむほどではないけど、おかわりはしていたかな。中学の初めまでは太っていたけど、「食べるな」といわれたことはありませんでした。でも、だんだん太っていることが恥ずかしくなり、あまり食べなくなりましたね。

自分からカラダを鍛えるようになり体格はよくなりました

——小学校1年生で野球を始め、中学校では軟式野球部に所属。中学生になったら運動量は増えてきますよね。

嶋 小学生のときは、練習は土日だけです。中学は毎日部活動がありました。毎日といっても、部活なのでそれほどハードではなかったですね。

——高校は中京大学附属中京高等学校。野球強豪校ですよね。そこで「ザバス」の栄養講習会を受けたそうですね。

嶋 高校に入ってすぐでした。「新入生に向けて」といった講習会でした。

——その講習会で学んだことはありますか。

嶋 練習後30分以内がゴールデンタイムだから、そこでなるべくおにぎりを食べたり、プロテインを飲みなさい、その時間を逃すと前の練習が無駄になると。それを聞いてからは、練習前におにぎりとかを買っておいて、練習が終わってから30分以内に食べるようにしていました。

——それによって変わったことはありましたか。

嶋 カラダつきが変わりましたね。そのころは成長期だからとは思うけど、実際、カラダつきはよくなったと思いました。機会があれば、中・高生のときに栄養講習会を受けておくと、参考になると思いますよ。

――体格もよくなって、太め男子は卒業ですか。

嶋　高校2年になって身長がぐんと伸びましたから、ガッチリしたカラダじゃなかったですけど、カラダつきがよくなりました。高校時代、学校にはウエイトトレーニング場がなく、各自で探して行くんです。やらない生徒もいました。やらないで結果が残せなければ、試合には出られませんので。自己責任ですね。僕は友だちと2人でトレーニング場に行き、終わるとプロテインを飲んで帰るということをしていましたから、体格もよくなったのでしょう。ゴールデンタイムというのを、意識してやってました。

――学校の監督や、コーチに何か食べろとかいわれませんでしたか。

嶋　高校の監督に、「玄米を食べろ」といわれて、弁当に白米と玄米を混ぜたご飯を持って行くように指導されました。

――嶋さんは学業の成績もよかったそうですが、勉強は、いつされていたのですか。

嶋　通学時間が長かったので主に電車の中で。あとは授業中に暗記したりしていました。家に帰ると、どうしても寝るじゃないですか。要領よくですね。先生にゴマすって、試験にどこが出るが教えてもらったりしました。

――ゴマをするというのは……。

嶋　人とうまく付き合うのも大事ということ。コミュニケーション能力ですよ。当時は試験で赤点を取ると、草むしりをさせられたり、髪の毛を5厘《りん》刈りにされたり、トイレ掃除があったりなので、赤点を取りたくないから勉強したんですよ。

――野球も大事だけど、勉強もしろということですね。

嶋　そうです。試験期間中は、部活はいっさいありませんでしたから。試験期間中は遊べるので、勉強は電車の中でして、途中下車して遊びに行っていました。そして、遊びの帰りに、ウエイトトレーニング場に寄ってから帰宅していました。

大学でプロになろうと決意。そのためにカラダを大きくする努力も

――大学は國學院大学に進まれて、教師を目指していたそうですが。

嶋　教師を目指して國學院に入ったのですが、野球は続けていたし、野球部の監督にキャッチャーをまかされ、試合に出してもらったり、仲間にプロを目指す人がいたんですね。さらに間近で谷繁（元信／中日ドラゴンズ）さんとかプロの選手に会う機会があり、刺激を受けて自分もプロを目指そうか、という気になりました。

――大学時代に体重を15kg増やされたそうですね。朝晩のご飯はどんぶりで3杯、寝る前にもおにぎりを食べたそうですが、それはどうしてですか。

嶋　キャッチャーに転向して、プロか社会人に行きたいなと思い始めたからです。カラダが細かったので、このままではプロとしては通用しないだろうと。カラダを大きくするために食事量を増やしました。

――練習も、カラダづくりもプロになるため。それでも、寝る前におにぎりを食べるのは苦しくなかったですか。

嶋　目標があれば苦しくないです。それに、カラダがどんどん大きくなって成果が実感できれば苦になりません。シートベルトと一緒で、最初はシートベルトを着けるのは面倒くさかったですよね。でも、今は普通でしょう。それと一緒。最初は苦しいと思いながら食べていても、それが普通になれば苦しくないんです。

プロになってからは、とにかくバランスよく食べる、を気を付けるように

―プロ野球選手になってから、食生活で気を付けていることはなんですか。

嶋　とにかく、バランスよく食べることですね。

―朝食は、ご飯ですか、パンですか。

嶋　体調によりますが、なるべくご飯にしています。今は、朝は、そうガツガツ食べてはいません。茶碗1杯のご飯にみそ汁、おかず……とにかくバランスよく食べるようにしています。外食しても、まず野菜から食べるようにしています。

―外食というと、焼き肉ですか。

嶋　焼き肉は好きですが、そう何回も食べませんよ。1週間の遠征でも、1回行くか行かないか。それほど行かないですよ。肉もあまり脂っこいものは食べられないので、さっぱりしたもので。まずは野菜を食べて、それから肉です。

―外食でも、バランスよく選んで食べられるところに行く？

嶋　遠征中は宿泊先のホテルで主に食べます。宿泊先の食事はだいたいバイキングなので、バランスよく好きなだけ食べられるからいいんです。主食、おかず、野菜と選んで、さらにヨーグルトを食べたり、フルーツを食べたり。指導してくださる「ザバス」の栄養士さんに、僕は好き嫌いがなくて、何でも食べるし、選ぶものがバランスいいと褒められています（笑）。

1日でも長く野球を続けたい。そのためには好きなものでも考えて食べる

―特に好きなものは何ですか。

嶋　アイスクリームです。甘いものがすごく好きなんですが、それも、考えて食べるようにしています。

―どういう風に考えて。

嶋　アイスクリームは主食にはならないですから、食事のあとに食べるとか、試合の前には食べないとか。試合が終わって、食事をして帰りのコンビニで食べるとか。アイスクリームは小さな楽しみです。

―甘い物のとり過ぎはよくないですよね。

嶋　何でも、過ぎちゃいけない。練習のし過ぎも、食べ過ぎも、寝過ぎもよくない。寝過ぎるとカラダがだるくなりますよね。勉強のし過ぎもよくないです。〝ほどほど〟がいいんです。

―〝ほどほど〟は、自分で判断するのです

か。

嶋　そうですね。もの足りないくらいが一番いいです。ただ、練習に関しては、どこかで、くたくたになるまでやる時期があった方がいいですが、毎日休みもなく、朝から晩まで練習するという時代は終わりました。長く練習しすぎるとケガしちゃう。ほどよく週に1回休みをつくって、その日は女の子とデートをして。そういうことが大事なんです。

――嶋さんの高校時代は。

嶋　練習は月曜日が休みでした。その日は、友だちと遊びに行ったりしてました。ですから、次の日からまたがんばって練習できるんです。土日が試合のときは、ここでがんばったら明日は休みだ！　絶対に勝とうと思うでしょう。

――息を抜きながら続けることですね。

嶋　プロではそうはいかないこともありますが。

――今は「栄養フルコース型」の食事を食べて、カラダの管理をきちんとされているということですね。

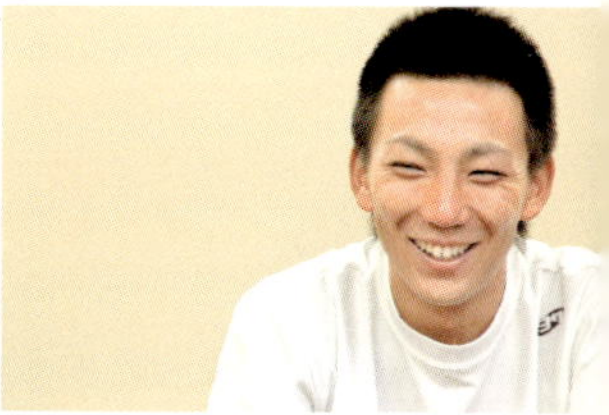

嶋　1年でも、1日でも長く、やりたいなぁと思っています。プロを長く続けていらっしゃる先輩方を見ていると、焼き肉ばかりとか偏った食事はしないし、お酒もたくさんは飲まない。同じチームの先輩の松井（稼頭央）さんや山﨑（武司／現・中日ドラゴンズ）さんなど、長くやっている人を見れば、だれもがわかることだと思います。そういうところを見て、自分もと。1年でも長く続けたいと思っています。そのためには、なるべく食事には気を付けています。

©Rakuten Eagles

しま・もとひろ
1984年、岐阜県海津市生まれ。兄の影響で小学1年生から野球をはじめ、中学では軟式野球部に所属し、中京大学附属中京高等学校野球部では主将も務める。國學院大學に進学し、硬式野球部の監督に強肩を見込まれて捕手にコンバート。2006年のドラフトで東北楽天ゴールデンイーグルスより指名を受けて入団。現在、正捕手として活躍。

3

3章【実践編】

鹿島アントラーズ
ユースの寮ごはん

寮の1週間分のごはんのレシピと、1か月の献立を紹介。
朝ごはん、夕ごはんづくりの参考にしましょう。

調理／献立　田所健治（鹿島フード）

みんなで一緒に強くなりました
「栄養フルコース型」の食事を実践

鹿島アントラーズユース寮とは

この寮には、高校1年生から3年生の鹿島アントラーズユースのメンバー42名が暮らし、寮での食事は基本的に月曜日から土曜日までの朝ごはんと夕ごはん、それから日曜日の朝ごはんを食べています。

「ザバス」は鹿島アントラーズユースのチーム力アップのために、2010年から栄養サポートをスタート。サッカー選手としてどんな食事を提供するかだけではなく、食事に対する知識の向上や意識付け、食べる環境まで食全般について関わっています。食堂の照明が少し明るくなるだけで食事がよりおいしそうに見えたり、環境はとても大切。サポート当初は、鹿島アントラーズ、寮、食堂のスタッフと関係者がすべて集まって、基本的な考えを徹底的に話し合いました。選手は提供された物は残さず全部食べ、その結果、1年後にはほぼ全員の体重が増え、プリンスリーグ関東1部で優勝するという結果を勝ち取りました。現在は、毎月のメニューのチェックと、月1回程度訪問して打ち合わせをしています。

成長を支える食堂のスタッフ

寮の料理を1人で切り盛りしているのは田所健治さん。ホテルの厨房で働

1

3

2

4

いた経験があり、寮ごはん改善の立役者です。現在は田所さんのほかに3名の女性スタッフで、選手たちの食事の世話をしています。ケガをした選手のためにサプリメントを準備したり、体重増加のために1品プラスする選手に「これを食べてね」と声をかけたり、細かな目配り、心配りをしています。私たちは毎日接することはできないので、食堂スタッフから届く情報はとても大切。元気がない、最近体重が増えていないと耳にすれば、寮を訪ねたときにこちらから「元気?」、「体重の変化はどう?」などと話しかけることができます。現場のコーチ、トレーナーからの情報と合わせ、スタッフ全員の力でチームや選手に合ったサポートができるのです。

家庭でも参考に。寮の人気メニュー

寮は生活の場でもあるので、日本人が大切にしてきた季節感や、行事食などもできるだけ味わって欲しいと思っています。春には菜の花やたけのこ、魚ならさわらなどが登場し、男子寮ですがひな祭りには〝ちらし寿司〟がメニューに加わります。

今回はこれまでのメニューの中から、人気があり、季節を問わずに組み合わせがしやすいものをセレクトしました。魚や野菜は季節のものに変えてください。献立をそのまま再現するだけでなく、さまざまな組み合わせを日々の食事の献立の参考に。何よりも「栄養フルコース型」の食事が習慣になるように心がけましょう。

ジュニアが食べるなら

今回紹介する献立は高校生・男子のものです。ジュニアなら46〜47ページの「日本人の食事摂取基準」を参考にしましょう。同じジュニアでも体格や成長段階、練習時間、目的などによって食べる量やバランスは違ってきます。その子どもに合わせて食べる量やバランスを調整してください。

1　食堂のテーブルにはザバスメモ。この時期に大切なことや、忘れないようにして欲しい栄養のことを、月替わりで置いています。
2　ただ今、食事中。練習が終わった人から順番に食堂に集まって来ます。
3　寮生と歓談中。こうして何げなく会話する中から彼らの体調をチェックするのもサポートの１つ。
4「寮生一人ひとりが強く、大きくなること、そして試合に勝つことが楽しみ」と語る田所さん。地元、茨城県の出身で熱烈なアントラーズファンでも。

朝ごはん

［メニュー］

鮭塩焼き
桜えび入り厚焼き卵
大豆入りひじき煮
肉じゃが
みそ汁
ご飯
グレープフルーツ
牛乳

＊つくり方は 84 ページ

ザ・朝ごはん。焼き鮭定食

栄養データー

エネルギー	1281kcal
たんぱく質	65.6g
脂質	37.2g
炭水化物	160.4g
カルシウム	577mg
鉄	7.6mg
ビタミンA（レチノール相当量）	542 μ g
ビタミンB_1	1.02mg
ビタミンB_2	1.08mg
ビタミンC	70mg

うらら献立メモ

寮では、朝食に魚を出すことが多いです。魚が苦手な選手もいますが、その中でも食べやすい鮭は重宝しています。卵焼きはいろいろな顔を持たせることができます。今回は桜えびを入れてカルシウムアップ。ちりめんじゃこを加えることもあります。また、ツナや大豆を入れればたんぱく質、ひじきを入れれば鉄分の強化になります。定番のメニューこそ、実はバリエーションが増やせる隠れメニューなのです。

月

Monday

夕ごはん

練習オフ日は好きなものをガッツリと

［メニュー］

手こねハンバーグ
きゅうりとわかめの酢の物
レタスサラダ
みそ汁
ご飯
オレンジ
牛乳

＊つくり方は 85 ページ

栄養データー

エネルギー	1558kcal
たんぱく質	70.7g
脂質	64.0g
炭水化物	160.1g
カルシウム	538mg
鉄	7.9mg
ビタミンA（レチノール相当量）	535 μg
ビタミンB_1	1.13mg
ビタミンB_2	1.27mg
ビタミンC	99mg

うらら献立メモ

ハンバーグが嫌いな選手を探すのは難しい！お肉をたっぷり使った人気メニューです。大好きなおかずでご飯も進みます。練習が休みの日は、好きな物をガッツリ食べて体力、気力ともにやる気モードにしましょう。おかずがこってりなので、小鉢はきゅうりの酢の物にしてさっぱりと。海藻をプラスすることでミネラルも豊富になります。

月曜日　朝ごはんのつくり方 （82ページ）

●ほかに：みそ汁（豆腐・青菜）　ご飯（250g）　グレープフルーツ　牛乳

鮭塩焼き

材料（1人分）
鮭（甘塩）…1切れ（100g）　大根おろし…20g
ししとうがらし…2本

つくり方
❶　鮭とししとうがらしは、グリルか魚焼き網で両面をこんがりと焼く。
❷　大根おろしを添える。

肉じゃが

材料（1人分）
豚もも薄切り肉…50g　じゃがいも…60g　にんじん、玉ねぎ、しらたき…各30g　グリンピース（塩ゆで）…5粒　Ⓐ（砂糖、酒、みりん…各小さじ1　しょうゆ…大さじ1）　サラダ油…適量

つくり方
❶　豚肉は一口大、じゃがいもは3cm角に切る。にんじんは乱切り、玉ねぎは薄切りにして、しらたきは下ゆでして食べやすい長さに切る。
❷　鍋にサラダ油を熱し、豚肉を入れて炒める。肉の色が変わったら、残りの❶を加えて炒める。油が回ったら、水をひたひたに加えてアクを取りながら煮る。
❸　にんじんが柔らかくなったら砂糖を加え、残りのⒶを加えて味がなじむまで煮る。器に盛り、グリンピースを飾る。

桜えび入り厚焼き卵

材料（1人分）
卵…1個　桜えび（乾）…2g　Ⓐ<だし…大さじ1　酒、みりん…各小さじ1　しょうゆ…小さじ½　塩…少々>　サラダ油…適量

つくり方
❶　卵を割りほぐし、Ⓐを順に加えてさっと混ぜ、桜えびも加えてさっくりと混ぜる。
❷　卵焼き器をよく熱してサラダ油適量を入れて全体にならす。
❸　❶を薄く流して均一に広げ、全体に火が通って表面が固まる前に、手前から巻いていく。あいたところにサラダ油を薄く塗り、❶を流して同じように手前から向こう側に巻いていく。これを繰り返して全量を焼く。

大豆入りひじき煮

材料（1人分）
ひじき（乾）…5g　大豆（水煮缶）…10g　にんじん…10g　こんにゃく…10g　さやいんげん…5g
だし汁…カップ½　Ⓐ<砂糖、みりん…各小さじ1
酒…大さじ½　しょうゆ…大さじ1>

つくり方
❶　ひじきは水で戻して水けをきる。にんじんはせん切り、こんにゃくは1cm幅の薄切りにする。さやいんげんは塩ゆでして、斜め切りにする。
❷　だし汁を火にかけ、にんじんを加える。煮立ったら、ひじき、大豆、こんにゃくを加えて、にんじんが柔らかくなるまで煮る。Ⓐを加え、汁けがなくなるまで煮る。器に盛り、さやいんげんを散らす。

※ここで使用している小さじ1は5mℓ、大さじ1は15mℓ、1カップは200mℓです。

月曜日　夕ごはんのつくり方 (83ページ)

●ほかに：
みそ汁（油揚げ・青菜）
ご飯（250g）
オレンジ
牛乳

手こねハンバーグ

材料（1人分）
合びき肉…200g　玉ねぎ…30g　Ⓐ<卵…1個　牛乳…カップ¼　塩、こしょう、ナツメグ…各少々>　サラダ油…大さじ2　ケチャップ…大さじ1　赤ワイン…カップ¼　にんじんのグラッセ…20g　さやいんげんのグラッセ…10g　じゃがいも（ゆでる）…20g

つくり方
❶　玉ねぎはみじん切りにして、サラダ油大さじ½で炒める。
❷　ボウルに合びき肉、❶、Ⓐを加えてよく混ぜる。まるく形を整えて、中央をくぼませる。
❸　フライパンにサラダ油大さじ1½を熱し、❷を入れて両面に焼き色をつけて中までしっかり火を通す。焼けたら器に盛る。
❹　ソースを作る。❸のフライパンに赤ワインを入れて火にかけ、肉汁とよく混ぜる。アルコール分がとんだらケチャップを加えて混ぜ、少し煮つめる。
❺　ハンバーグにソースをかけ、グラッセ、ゆでたじゃがいもを添える。

きゅうりとわかめの酢の物

材料（1人分）
きゅうり、海藻ミックス（戻して）…各50g　ポン酢しょうゆ（市販）…適量

つくり方
❶　きゅうりは薄切りにして、薄い塩水につける。きゅうり、海藻ミックスは水けをよく絞る。
❷　器に盛り付けてポン酢しょうゆをかける。

レタスサラダ

材料（1人分）
レタス…60g　きゅうり…20g　プチトマト…1個　ラディッシュ、コーン（缶詰）、にんじん、紫玉ねぎ…各適量　好みのドレッシング…適量

つくり方
❶　レタスは食べやすい大きさにちぎり、きゅうりは輪切り、ラディッシュ、玉ねぎは薄切りにする。にんじんはせん切りにする。
❷　器に❶を盛り付け、トマトとコーンを添え、ドレッシングをかける。

朝ごはん

朝から野菜充実

［メニュー］

にら入りスクランブルエッグ
ポテトとベーコンのチーズ焼き
生野菜サラダ
オクラ入り納豆
ミネストローネ
ご飯
グレープフルーツ
牛乳

＊つくり方 88 ページ

栄養データー

エネルギー	1380kcal
たんぱく質	51.9g
脂質	51.4g
炭水化物	174.6g
カルシウム	542mg
鉄	6.2mg
ビタミンA（レチノール相当量）	492 μ g
ビタミンB_1	0.81mg
ビタミンB_2	1.33mg
ビタミンC	136mg

うらら献立メモ

生野菜は“かさ”があって、なかなかたくさん食べられないことも。具だくさんのスープにしたり、スクランブルエッグに野菜を入れると食べやすくなります。さらに栄養の吸収がよくなる組み合わせもできます。この日、スクランブルエッグ入れたにらには、ビタミンB_1の吸収を高める硫化アリルが含まれていて、疲労回復に役立ちます。

火 Tuesday

夕ごはん

オフ明けはフィジカル強化

［メニュー］

チキンクリームシチュー
シーフードステーキ
アスパラガスのサラダ
コラーゲンスープ
ご飯
キウイフルーツ
ヨーグルト

＊つくり方は 89 ページ

栄養データー

エネルギー	1423kcal
たんぱく質	68.0g
脂質	50.8g
炭水化物	168.7g
カルシウム	573mg
鉄	6.3mg
ビタミンA（レチノール相当量）	764 μ g
ビタミンB_1	0.56mg
ビタミンB_2	1.16mg
ビタミンC	179mg

うらら献立メモ

オフ明けの練習は、フィジカルトレーニングがメイン。傷ついた筋肉の修復のためには、たんぱく質強化は欠かせません。体重が気になる選手には、ひと手間かけてカロリーの高い鶏の皮は除きます。コラーゲンスープには、鶏の手羽を活用。骨付近にあるコラーゲンが関節の強化や骨の修復に役立ちます。コラーゲンの生成にはビタミンＣが必須なので、アスパラガスのサラダで相乗効果を狙います。

火曜日　朝ごはんのつくり方 (86 ページ)

●ほかに
ご飯（250g）　グレープフルーツ　牛乳

にら入りスクランブルエッグ

材料（1 人分）
卵…2 個　にら…20g　塩、こしょう…各少々
サラダ油…少々

つくり方
❶ にらはざく切りにし、卵は溶きほぐして塩、こしょうを加える。
❷ フライパンにサラダ油を熱し、にらを加えてざっと炒め、卵を加える。大きくかき混ぜて火を止める。

ポテトとベーコンのチーズ焼き

材料（1 人分）
じゃがいも…1 個　ベーコン…1 枚　ピザ用チーズ…15g　塩、こしょう…各少々　チャービル（飾り用）…適宜

つくり方
❶ じゃがいもは皮つきのままゆでて、熱いうちに皮をむき、角切りにする。ベーコンは 2cm 幅に切る。
❷ 耐熱性の容器に❶を入れて塩、こしょうを加え、チーズをのせてオーブンで焼き色がつくまで焼く。チャービルを飾る。

オクラ入り納豆

材料（1 人分）
納豆…1 パック　オクラ…2 本　白ごま…適量

つくり方
❶ 納豆は、添付のたれやからしを混ぜる。オクラは塩ゆでして小口切りにする。
❷ 器に納豆とオクラを盛り付け、ごまをかける。

生野菜サラダ

材料（1 人分）
トマト…50g　きゅうり…20g　レタス…60g
紫キャベツ、ラディッシュ…各適量　好みのドレッシング…適宜

つくり方
❶ トマトはくし形に切り、きゅうりは輪切り、レタスは食べやすい大きさに切る。紫キャベツはせん切り、ラディッシュは薄切りにする。
❷ 器に❶を盛り付け、ドレッシングをかける。

ミネストローネ

材料（1 人分）
にんじん…10g　セロリ…5g　玉ねぎ…25g　ベーコン…10g　マカロニ…10g　にんにく…1 かけ
グリンピース…5 粒　オリーブ油…小さじ 1　固形スープの素…1 個　トマトの水煮（缶詰）…½缶
塩、こしょう…各少々

つくり方
❶ にんじんとセロリは角切り、玉ねぎはみじん切りにし、ベーコンは 1cm 幅に切る。にんにくはつぶしておく。マカロニは塩少々を加えた湯でゆでる。
❷ 鍋にオリーブ油とにんにくを入れて熱し、ベーコンを炒める。にんじん、セロリ、玉ねぎを加えて炒める。
❸ 水カップ 1 ½とスープの素を加えてひと煮立ちさせ、トマトの水煮、塩、こしょうを加えて材料が柔らかくなるまで煮る。マカロニとグリンピースを加えて味がなじんだら火を止める。

火曜日　夕ごはんのつくり方 (87ページ)

●ほかに
ご飯（250g）
キウイフルーツ
ヨーグルト

チキンクリームシチュー

材料（1人分）

鶏もも肉…100g　玉ねぎ…50g　にんじん、じゃがいも、ブロッコリー…各30g　バター…大さじ½　固形スープの素…1個　牛乳…カップ½　小麦粉…適量　塩、こしょう…各少々

つくり方

❶ 玉ねぎ、にんじん、じゃがいもは乱切りにする。ブロッコリーは塩ゆでする。

❷ 鍋にバターの半量を入れて溶かし、小麦粉をまぶした鶏肉を入れて両面を焼く。玉ねぎ、にんじん、じゃがいもを加えて炒める。

❸ 水カップ½とスープの素を加えて、野菜が柔らかくなるまで煮る。牛乳を加えて、塩、こしょうで味を調え、残りのバターとブロッコリーを加える。

シーフードステーキ

材料（1人分）

シーフードステーキ（市販）…1枚　ポン酢しょうゆ…大さじ1　サラダ菜、チャービル…各適量　レモン（輪切り）…1枚　サラダ油…少々

つくり方

❶ フライパンにサラダ油を熱し、シーフードステーキをさっと焼く。

❷ 器にサラダ菜を敷き、シーフードステーキを盛り付け、ポン酢しょうゆをかけてレモンとチャービルを添える。

アスパラガスのサラダ

材料（1人分）

ホワイトアスパラガス（缶詰）…30g　トマト…20g　玉ねぎ…50g　パプリカ（赤）…少々　好みのドレッシング…適宜

つくり方

❶ アスパラは食べやすい長さに切り、トマトは輪切りにする。玉ねぎはさいの目に切り、水にさらす。パプリカはせん切りにする。

❷ 器に❶を彩りよく盛り付けて、ドレッシングをかける。

コラーゲンスープ

材料（1人分）

鶏手羽先…1本　鶏もも肉…40g　かぶ…¼個　にんじん…10g　さやいんげん、きくらげ、マッシュルーム（缶詰・スライス）…各少々　チキンスープ…適量　しょうが、塩、こしょう…各少々

つくり方

❶ かぶは皮をむいて、くし形に切る。にんじんは大きめの拍子木切りにする。きくらげは水で戻す。さやいんげんは斜めに切る。

❷ 鍋に切り込みを入れた手羽先、一口大に切った鶏肉、しょうがを入れて、スープをひたひたに加えて火にかける。

❸ 鶏肉に火が通ったら、かぶ、にんじん、きくらげ、マッシュルームを加えて柔らかくなるまで煮る。塩、こしょうで味を調え、さやいんげんを加える。

朝ごはん

パンは おかずをのせて 食べやすく

［メニュー］

ピザトースト
ほうれん草とコーンのバターソテー
ツナとゆで卵のサラダ
コーンポタージュ
パイナップル
牛乳

＊つくり方は 92 ページ。

栄養データー

エネルギー	1104kcal
たんぱく質	46.4g
脂質	53.0g
炭水化物	111.6g
カルシウム	707mg
鉄	4.0mg
ビタミンA（レチノール相当量）	566μg
ビタミンB_1	0.58mg
ビタミンB_2	1.22mg
ビタミンC	80mg

うらら献立メモ

朝はおしゃれにパン派の選手も多い。食欲がない朝もパンの上に具がのっていれば、なんとなくおかずが食べられることに。パンにバターやジャムだけでなく、ハムエッグをのせてみると簡単に主食とおかずが充実します。ポタージュはコーンだけでなく、かぼちゃやほうれん草などさまざまな野菜でつくることができます。さらに、牛乳で仕上げることでカルシウムもアップ。低脂肪牛乳で仕上げてもおいしくできます。

水

Wednesday

夕ごはん

苦手な魚、丸ごと克服

［メニュー］

小あじのから揚げマリネ
回鍋肉（ホイコウロウ）
シューマイ
みそ汁
ご飯
グレープフルーツ
牛乳

＊つくり方 93 ページ

栄養データー

エネルギー	1483kcal
たんぱく質	63.7g
脂質	52.9g
炭水化物	179.9g
カルシウム	555mg
鉄	6.4mg
ビタミンA（レチノール相当量）	1042 μ g
ビタミンB_1	1.07mg
ビタミンB_2	1.08mg
ビタミンC	227mg

うらら献立メモ

魚が苦手な選手は、味よりもきれいに食べられないことが嫌なようです。ならば、全部食べて苦手を克服。小あじのから揚げは、骨まで丸ごと食べられます。骨まで食べることで、カルシウム強化。マリネにすると日持ちもします。マリネの野菜だけでは足りないので、肉を入れた野菜炒めでビタミン補給。肉と一緒なら、きっと野菜もたっぷり食べられるはず。

水曜日　朝ごはんのつくり方 (90ページ)

●ほかに
パイナップル
牛乳

ピザトースト

材料（1人分）
食パン（6枚切り）…2枚　玉ねぎ、ピーマン…各20g　ベーコン…10g　マッシュルーム（缶詰）…3個　ピザソース、ピザ用チーズ…各適量

つくり方
❶　玉ねぎ、ピーマン、マッシュルームは薄切りにする。ベーコンは1cm幅に切る。
❷　パンにピザソースを塗り、❶を等分にのせる。チーズを上にのせて、トースターでチーズが溶けるまで焼く。

ほうれん草とコーンのバターソテー

材料（1人分）
ほうれん草…40g　コーン（缶詰）…20g　バター（食塩不使用）、塩、こしょう…各少々

つくり方（1人分）
❶　ほうれん草は4～5cm長さに切る。
❷　フライパンにバターを溶かし、❶を炒める。油が回ったらコーンを加え、塩、こしょうで調える。

ツナとゆで卵のサラダ

材料（1人分）
ツナ（缶詰）、きゅうり…各20g　ゆで卵…1個　レタス…40g　トマト…50g　紫キャベツ…少々　好みのドレッシング…適宜

つくり方
❶　きゅうりは輪切り、卵はくし形に切る。レタスは食べやすい大きさにちぎり、トマトは半月形に切り、紫キャベツはせん切りにする。
❷　器に❶を盛り、ツナをのせてドレッシングをかける。

コーンポタージュ

材料（1人分）
コーン（缶詰、クリームタイプ）…40g　スープ…¼カップ　牛乳…カップ1　バター（食塩不使用）、塩、こしょう、パセリ（ドライ）…各少々

つくり方
❶　鍋にコーンとスープを入れて火にかける。煮立ったら牛乳を加え、吹きこぼれないように弱火にする。
❷　バターを加え、塩、こしょうで味を調え、パセリを散らす。

水曜日　夕ごはんのつくり方 (91ページ)

●ほかに
みそ汁（もやし・にら）
ご飯（250g）
グレープフルーツ
牛乳

小あじのから揚げマリネ

材料（1人分）
小あじ…5尾　玉ねぎ…80g　にんじん…60g　ピーマン、パプリカ（赤、黄）…各10g　小麦粉、揚げ油…各適量　マリネ液＜酢、白ワイン…各カップ½　砂糖…小さじ½　塩…小さじ1　タイム…少々＞　水菜、レモン（くし形切り）…各適量

つくり方
❶　玉ねぎ、にんじん、ピーマン、パプリカはそれぞれせん切りにする。マリネ液の材料を合わせ、切った野菜を混ぜておく。
❷　あじは頭、内臓などを取って下ごしらえをし、小麦粉を薄くまぶして油でカラリと揚げる。すぐに❶に漬け込む。
❸　器に❷を盛り付け、ざく切りした水菜とレモンを添える。

回鍋肉

材料（1人分）
豚ロース薄切り肉…60g　キャベツ…120g　にんじん、ピーマン…各50g　きくらげ（戻して）…10g　にんにく…20g　Ⓐ＜豆板醤…小さじ1　甜麺醤…小さじ1　酒…小さじ½　しょうゆ…大さじ½＞　サラダ油…適量

つくり方
❶　豚肉は一口大に切り、キャベツとピーマンはざく切り、にんじんは薄切りにする。きくらげは刻み、にんにくはみじん切りにする。
❷　フライパンにサラダ油を熱し、にんにくと豚肉を炒める。肉の色が変わったらいったん取り出す。
❸　フライパンをさっとふいて火にかけ、サラダ油をなじませて野菜を炒める。❷を戻し入れ、Ⓐを加えて混ぜる。

シューマイ

材料（1人分）
シューマイ（市販）…3個　サラダ菜…1枚

つくり方
シューマイは蒸して、サラダ菜とともに器に盛る。

朝ごはん

軽〜く、カルシウム強化

［メニュー］

焼き魚
五目卵焼き
しいたけと高野豆腐のミルク煮
みそ汁
押し麦入りご飯
メロン
100%オレンジジュース
牛乳

＊つくり方は 96 ページ。

栄養データー

エネルギー	1443kcal
たんぱく質	59.5g
脂質	52.7g
炭水化物	180.0g
カルシウム	733mg
鉄	6.9mg
ビタミンA（レチノール相当量）	645 μg
ビタミンB_1	0.61mg
ビタミンB_2	1.27mg
ビタミンC	122mg

うらら献立メモ

大豆からできている高野豆腐は、たんぱく質、カルシウムが豊富。牛乳で煮てさらにカルシウム強化。しいたけに含まれるエルゴステロールは､太陽に当たるとビタミンDに変換されます。ビタミンDはカルシウムの吸収を助けるので、骨強化には抜群の組み合わせ。みそ汁の小松菜は、ビタミンやミネラルなどが豊富に含まれます。みそ汁やスープなどは、溶け出た栄養素を汁ごと食べることができるのでおすすめ。

木

Thursday

夕ごはん

走り込み対策
持久力強化ディ

［メニュー］

レバにら炒め
水ギョーザ
ほうれん草のサラダ
みそ汁、ご飯
メロン
100%オレンジジュース
ヨーグルト

＊つくり方は 97 ページ

栄養データー

エネルギー	1259kcal
たんぱく質	58.5g
脂質	30.1g
炭水化物	186.3g
カルシウム	320mg
鉄	24.0mg
ビタミンA（レチノール相当量）	20015 μｇ
ビタミンB_1	1.07mg
ビタミンB_2	6.02mg
ビタミンC	222mg

うらら献立メモ

レバーは鉄分とビタミンAが豊富。レバにらは貧血予防には欠かせない1品です。食わず嫌いの選手も多くいます。臭みを消すには牛乳に浸したり、酒、しょうが汁、しょうゆなどに浸したりします。ほうれん草には鉄分も多く含まれています。野菜に含まれる鉄は、ビタミンCを組み合わせることで吸収率がアップするので、おひたしならレモン汁をプラスするといいですよ。

木曜日　朝ごはんのつくり方 （94ページ）

●ほかに
みそ汁（小松菜・にんじん・油揚げ）
押し麦入りご飯（250g）
メロン
100%オレンジジュース
牛乳

焼き魚

材料（1人分）
さばの干物…半身　大根おろし…30g　万能ねぎ（小口切り）…少々

つくり方
❶　さばは、グリルか魚焼き網で、両面をこんがりと色よく焼く。
❷　さばを器に盛り付け、大根おろしに万能ねぎをのせる。

五目卵焼き

材料（1人分）
卵…1個　にんじん、さやいんげん…各10g　万能ねぎ…5g　Ⓐ<酒、みりん、しょうゆ…各小さじ1　塩、こしょう…各少々>　サラダ油…大さじ½

つくり方
❶　卵を割りほぐし、Ⓐを加える。
❷　にんじんとさやいんげんはゆでて刻み、万能ねぎは小口切りにして、❶に混ぜる。
❸　卵焼き器を熱してサラダ油をなじませる。❷を流し入れて、手前から向こう側に巻く。あいたところに油をなじませ、卵液を流して同様に焼く。

しいたけと高野豆腐のミルク煮

材料（1人分）
しいたけ…1枚　高野豆腐…30g　にんじん…20g　絹さや…2枚　牛乳、だし汁…各カップ½　砂糖…大さじ½　塩…少々

つくり方
❶　しいたけは石づきを除いて飾り包丁を入れる。高野豆腐はぬるま湯につけて戻す。にんじんは半月に切り、絹さやは筋を取る。
❷　鍋にだし汁を入れてにんじんを加え、火にかける。しいたけを加え、にんじんが柔らかくなったら牛乳と砂糖、塩を加える。
❸　高野豆腐を加えて味がなじむまで煮て、絹さやを加えて火を止める。

木曜日　夕ごはんのつくり方 (95ページ)

●ほかに
みそ汁（じゃがいも・さやいんげん）
ご飯（250g）
メロン
100%オレンジジュース
ヨーグルト

レバにら炒め

材料（1人分）

豚レバー…150g　玉ねぎ…50g　にんじん…15g　にら、もやし…各20g　ピーマン…1個　きくらげ(戻して）…少々　Ⓐ<みそ、砂糖、酒…各大さじ½　おろししょうが…少々>　サラダ油…大さじ1

つくり方

❶　レバーは一口大に切る。玉ねぎ、にんじんは薄切り、ピーマンはせん切り、にらはざく切りにする。

❷　フライパンにサラダ油を熱し、レバーを焼く。レバーの色が変わったら、玉ねぎ、にんじん、ピーマン、きくらげを加えて炒める。Ⓐを混ぜて加え、最後ににらともやしを加えてさっと炒める。

水ギョーザ

材料（1人分）

ギョーザ（市販）…3個　大根・にんじん…10g　ブロッコリー…少々　固形スープの素…1個

つくり方

❶　大根、にんじんは薄切りにする。

❷　鍋にスープの素と水カップ1½を入れて火にかけ、にんじんを加えて柔らかくなるまで煮る。

❸　ギョーザとブロッコリーを加えて、さっと煮る。

ほうれん草のサラダ

材料（1人分）

サラダ用ほうれん草…50g　プチトマト…1個　ラディッシュ…適量　好みのドレッシング…適宜

つくり方

❶　ほうれん草は食べやすい大きさに切る。ラディッシュはせん切りにする。

❷　器に❶とトマトを盛り付け、ドレッシングをかける。

朝ごはん

［メニュー］

明太子トーストと
ツナトースト
スクランブルエッグ
野菜サラダ
ポトフ
キウイフルーツ
牛乳

技あり 具だくさんスープで 野菜を補給

＊つくり方は 100 ページ。

栄養データー

エネルギー	1366kcal
たんぱく質	54.0g
脂質	77.2g
炭水化物	113.0g
カルシウム	465mg
鉄	5.5mg
ビタミンA（レチノール相当量）	574 μ g
ビタミンB_1	0.63mg
ビタミンB_2	1.22mg
ビタミンC	181mg

うらら献立メモ

この日もパンに具をのせて、おかずも食べやすく。サラダだけでは野菜が不足するので、じゃがいも、にんじん、玉ねぎなど野菜を何種類か入れたポトフを添えます。ポトフはつくっておいて、余った分はカレールーを投入。ご飯にかけて、卵を落とし、チーズをかけて、トースターで焼くと簡単焼きカレーの完成。夜のおかずにもなります。

金 Friday

夕ごはん

疲れをためない。刺激的に食欲アップ

［メニュー］

豚キムチ
海鮮ギョーザ
小松菜のなめたけあえ
みそ汁
ご飯
パイナップル
ヨーグルト
牛乳

＊つくり方は 101 ページ

栄養データー

エネルギー	1311kcal
たんぱく質	70.0g
脂質	38.9g
炭水化物	168.0g
カルシウム	697mg
鉄	6.5mg
ビタミンA（レチノール相当量）	511 μg
ビタミンB_1	1.67mg
ビタミンB_2	1.30mg
ビタミンC	99mg

うらら献立メモ

金曜日になると疲れもたまるころ。疲れて帰ってきたカラダには少々刺激が必要です。豚キムチの、キムチの辛味で食欲が刺激されます。豚肉はビタミンB_1 が多く疲労回復を促し、にらにはビタミンB_1 の吸収をよくする成分（硫化アリル）が含まれています。この 3 つの組み合わせは、相性抜群。また、キムチは発酵食品で、乳酸菌が豊富で整腸作用が期待できます。

水曜日　朝ごはんのつくり方 (98ページ)

●ほかに
キウイフルーツ
牛乳

明太子トーストとツナトースト

材料（1人分）
食パン（6枚切り）…2枚　明太子ペースト（市販）…40g　ツナ（缶詰）…小½缶　玉ねぎ…20g　パセリのみじん切り…大さじ1　マヨネーズ…20g　パセリ（飾り用）…適宜

つくり方
❶　食パンは軽くトーストする。
❷　玉ねぎはみじん切りにして水にさらして水けを絞り、ツナとよく混ぜる。
❸　パンに明太子ペーストと❷をそれぞれのせて広げ、それぞれマヨネーズをかけてパセリを散らす。

スクランブルエッグ

材料（1人分）
卵…2個　Ⓐ<生クリーム、牛乳…各大さじ1　塩、こしょう…各少々>　チャービル（飾り用）、ケチャップ…各適宜　サラダ油…大さじ½

つくり方
❶　卵は割りほぐし、Ⓐを加えて混ぜる。
❷　フライパンにサラダ油を熱し、❶を流し入れて大きく混ぜ、器に盛る。ケチャップをかけ、チャービルを飾る。

野菜サラダ

材料（1人分）
レタス、リーフレタス…合わせて60g　きゅうり…20g　トマト…30g　ピーマン、パプリカ（赤、黄）、クレソン…各適量　好みのドレッシング…適宜

つくり方
❶　レタスとリーフレタスは食べやすい大きさにちぎり、きゅうりは縦3つ割りにし、トマトは角切りにする。ピーマンとパプリカはせん切りにする。
❷　器に❶を盛り付け、クレソンを添えてドレッシングをかける。

ポトフ

材料（1人分）
玉ねぎ…30g　じゃがいも…50g　にんじん、ブロッコリー…各20g　ベーコン…1枚　ウインナー…1本　チキンスープ…カップ1½　白ワイン…小さじ2　塩、こしょう、バター…各少々

つくり方
❶　玉ねぎとベーコンは2㎝四方に切る。じゃがいも、にんじんは角切りにする。
❷　鍋にスープと白ワインを入れ、❶を加えて、野菜が柔らかくなるまで煮る。バターを加えて塩、こしょうで味を調え、最後にウインナーとブロッコリーを加えて火を通す。

水曜日　夕ごはんのつくり方 (99ページ)

●ほかに
みそ汁（豆腐・わかめ）
ご飯（250g）
パイナップル
ヨーグルト
牛乳

豚キムチ

材料（1人分）

豚バラ肉、白菜キムチ…各120g　もやし…100g　にら、にんじん…各20g　きくらげ(戻して)…少々　しょうゆ…小さじ1　サラダ油…適量　ごま油…少々

つくり方

❶　豚肉は一口大に切る。キムチ、にら、きくらげはざく切りにする。にんじんは薄切りにする。

❷　フライパンにサラダ油を熱し、肉を炒め、色が変わったらにんじんときくらげを加える。キムチとにら、もやしを加えてさっと炒め、しょうゆをからめ、ごま油を加える。

海鮮ギョーザ

材料（1人分）

海鮮ギョーザ（市販）…3個　サラダ菜、パセリ…各適量

つくり方

ギョーザは蒸して器に盛り、サラダ菜とパセリを添える。

小松菜のなめたけあえ

材料（1人分）

小松菜…50g　なめたけ(瓶詰)…30g　塩…少々

つくり方

❶　小松菜は塩ゆでして4～5㎝長さに切る。

❷　器に❶を盛り付け、なめたけをかける。

朝ごはん

ご飯 + いも類でエネルギーチャージ

［メニュー］

目玉焼きとウインナー
里いもの鶏そぼろあん
さつまいものレモン煮
チーズ入り野菜サラダ
みそ汁、ご飯
りんご
100％オレンジジュース
牛乳

＊つくり方 104 ページ

栄養データー

エネルギー	1479kcal
たんぱく質	51.1g
脂質	41.6g
炭水化物	223.6g
カルシウム	592mg
鉄	5.7mg
ビタミンA（レチノール相当量）	408 μg
ビタミンB_1	0.85mg
ビタミンB_2	1.26mg
ビタミンC	167mg

うらら献立メモ

ご飯のほかにいも類を加え、週末の試合に向けて少しずつ炭水化物（糖質）が多い食品を増やしていきます。さつまいもは甘く、昔ながらのおやつとしても活用できる食材です。レモンと煮ることで、さっぱり感が出ます。里いもには鶏そぼろをかけることで、おかずになってご飯が進みます。

夕ごはん

丼メニューで ドンドン エネルギー補給

［メニュー］

中華丼
にらまんじゅう
春雨サラダ
キャベツのスープ
オレンジ
牛乳

＊つくり方は 105 ページ

栄養データー

エネルギー	1426kcal
たんぱく質	44.0g
脂質	44.8g
炭水化物	209.1g
カルシウム	516mg
鉄	5.0mg
ビタミンA（レチノール相当量）	533 μ g
ビタミンB_1	1.12mg
ビタミンB_2	0.95mg
ビタミンC	137mg

うらら献立メモ

試合前の夕食の主役は、エネルギー源の主食。炭水化物（糖質）をたくさん食べられるように丼物メニューに。中華丼のほかに、マーボー丼、親子丼などもおすすめです。脇役のおかずは低脂肪の物を。脂肪が多いと消化に時間がかかるので、にらまんじゅうやえびシューマイなどの蒸して仕上げる点心がおすすめです。スープのキャベツには、ビタミンU（キャベジン）が含まれていて、胃腸にやさしい食材です。

土曜日　朝ごはんのつくり方 （102ページ）

●ほかに
みそ汁（豆腐・なめこ・三つ葉）
ご飯（250g）
りんご
100%オレンジジュース
牛乳

目玉焼きとウインナー

材料（1人分）
卵…2個　ウインナー…2本　ブロッコリー…10g　塩、こしょう…各少々　サラダ油…小さじ1

つくり方
❶　フライパンにサラダ油を熱し、卵2個で目玉焼きを作り、塩、こしょうする。ウインナーも軽く炒める。
❷　器に❶を盛り付け、塩ゆでしたブロッコリーを添える。

里いもの鶏そぼろあん

材料（1人分）
里いも…3個　鶏ひき肉（胸肉）…20g　グリンピース（塩ゆで）…5粒　だし汁…カップ1　Ⓐ<砂糖、しょうゆ…各大さじ1　酒、みりん…各大さじ½>　水溶き片栗粉…適量

つくり方
❶　里いもは水からゆでてざるに上げ、水で洗ってぬめりを取る。
❷　鍋にだし汁を入れ、里いもを加えてひと煮立ちさせ、ひき肉を加えてアクを取る。
❸　Ⓐを加えて、里いもが柔らかくなるまで煮る。仕上げに水溶き片栗粉を加えてとろみをつけ、グリンピースを加える。

さつまいものレモン煮

材料（1人分）
さつまいも…100g　レモン…½個　砂糖…大さじ1½

つくり方
❶　さつまいもはよく洗って半月形に切り、水につけてアクを除く。レモンも半月形に切る。
❷　鍋に、❶とひたひたの水を加えて火にかける。ひと煮立ちしたら砂糖とレモンの汁を絞って加え、さつまいもが柔らかくなるまで煮る。

チーズ入り野菜サラダ

材料（1人分）
プロセスチーズ…20g　レタス、トマト…各40g　アスパラガス…2本　にんじん、ラディッシュ、クレソン…各少々　好みのドレッシング…適宜

つくり方
❶　レタスは食べやすい大きさにちぎり、チーズはさいの目、トマトはくし形に切る。アスパラガスは塩ゆでして半分に切り、にんじんとラディッシュはせん切りにする。
❷　器に❶とクレソンを盛り付け、ドレッシングをかける

土曜日　夕ごはんのつくり方 （103ページ）

●ほかに
オレンジ
牛乳

中華丼

材料（1人分）

えび…30g　白菜…80g　にんじん、チンゲン菜、たけのこ…各20g　きくらげ（戻して）、マッシュルーム（缶詰）…各10g　しいたけ…1枚　ヤングコーン…2本　Ⓐ＜鶏ガラスープの素…小さじ1　水…カップ1　しょうゆ、酒…各大さじ1　砂糖…小さじ2　塩…小さじ¾＞　水溶き片栗粉…大さじ2　サラダ油…大さじ1　ご飯（温かいもの）…250g

つくり方

❶　えびは背ワタを取り、白菜とチンゲン菜、きくらげはざく切りにする。にんじん、たけのこ、マッシュルーム、しいたけは薄切りにする。
❷　フライパンにサラダ油を熱し、❶とヤングコーンを炒める。全体に油が回ったらⒶを加え、材料が柔らかくなるまで煮る。水溶き片栗粉でとろみをつけて火を止める
❸　器にご飯を盛り、❷をかける。

にらまんじゅう

材料（1人分）

にらまんじゅう（市販）…3個　サラダ菜…1枚

つくり方

まんじゅうは蒸してとサラダ菜とともに盛る。

春雨サラダ

材料（1人分）

春雨（戻して）…100g　にんじん、きゅうり、ハム…各20g　炒り卵…10g　きくらげ（戻して）、白ごま…各適量　たれ＊＜中華スープ…70mℓ　しょうゆ、酢…各カップ¼　ごま油…小さじ1　砂糖…大さじ1＞　＊つくりやすい分量

つくり方

❶　春雨は食べやすい長さに切る。にんじんときくらげはせん切り、きゅうりは薄切り、ハムは1cm幅に切る。
❷　器に❶と炒り卵を盛り、たれの材料を混ぜ合わせて適量をかけ、ごまをふる。

キャベツのスープ

材料（1人分）

キャベツ…80g　ベーコン…1枚　にんじん…少々　固形スープの素…1個　塩、こしょう…各少々

つくり方

❶　キャベツはざく切り、ベーコンは2cm幅に切る。にんじんはせん切りにする。
❷　鍋に水カップ2と❶、スープの素を入れて火にかけ、キャベツが柔らかくなるまで煮て、塩、こしょうで味を調える。

試合前食

［メニュー］

おにぎり
力うどん
バナナ
100%オレンジジュース
ヨーグルト

餅を入れて、モチベーションアップ！

＊つくり方 108 ページ

栄養データー

エネルギー	1197kcal
たんぱく質	29.5g
脂質	6.3g
炭水化物	250.8g
カルシウム	269mg
鉄	2.9mg
ビタミンA（レチノール相当量）	128 μ g
ビタミンB_1	0.45mg
ビタミンB_2	0.46mg
ビタミンC	104mg

うらら献立メモ

試合前の献立。ここまでくれば、できることは念入りなウォーミングアップと栄養補給。エネルギーをいかにカラダにためるかが勝負の分かれ道です。3～4時間前までに、炭水化物（糖質）が豊富な食事を食べて、試合への準備を完了させましょう。餅もうどんも、いつもより柔らかめにすることで消化がよく、胃腸への負担も軽減されます。

日 (試合日)

試合後食

カラダとココロに愛情溶け込むカレーライス

［メニュー］

カレーライス
鶏手羽塩焼き
野菜サラダ
卵スープ
フルーツヨーグルト
牛乳

＊つくり方は 109 ページ

栄養データー

エネルギー	1631kcal
たんぱく質	67.8g
脂質	66.5g
炭水化物	189.4g
カルシウム	587mg
鉄	6.4mg
ビタミンA（レチノール相当量）	909 μg
ビタミンB_1	1.37mg
ビタミンB_2	1.31mg
ビタミンC	155mg

うらら献立メモ

カレーは選手が好きなメニューのトップ５に入ります。試合で思い切りプレーをして緊張したことで、カラダもココロもヘトヘト。カレーは一皿で主食、おかず、野菜が食べられます。さらに、スパイスで疲れたカラダでも食べやすい。大好きな１品で、選手たちのココロもほっとします。手羽先焼きは、カレーだけでは物足りない､食欲旺盛の選手のために追加しました。

日曜日　試合前食のつくり方 (106ページ)

●ほかに
バナナ
100%オレンジジュース
ヨーグルト

おにぎり

材料（1人分）
ご飯…300g　梅干し…1個　塩昆布…5g　焼きのり、ふりかけ、塩…各適量

つくり方
❶ 手のひらに軽く水をつけてから塩少々をつけ、梅干しと昆布のつくだ煮を具にしておにぎりを2個にぎる。
❷ 1個にはのりを巻き、もう1個にはふりかけをまぶす。

力うどん

材料（1人分）
ゆでうどん…1½玉（240g）　餅…1個　かまぼこ…1切れ　小松菜…20g　だし汁…カップ3　Ⓐ＜しょうゆ…大さじ2　みりん…大さじ1＞　塩…少々

つくり方
❶ うどんはさっとゆでる。小松菜は塩ゆでして3㎝長さに切る。
❷ 鍋にだし汁を入れて火にかけ、Ⓐを加えてうどんを煮る。塩で味を調える。器に盛り、焼いた餅、かまぼこ、小松菜をのせる。

試合日の食事以外の心がけ

試合直前までエネルギー補給、
カラダが乾かないように
水分補給も欠かさない！

日曜日　試合後食のつくり方 （107ページ）

●ほかに
フルーツヨーグルト（バナナ、キウイフルーツ、オレンジ、グレープフルーツ）
牛乳

カレーライス

材料（1人分）
豚薄切り肉…80g　玉ねぎ…½個　にんじん…½本　じゃがいも…½個　ブロッコリー…適量　にんにく、しょうが…各少々　カレールー（市販）…40g　塩、こしょう…各少々　サラダ油…適量
ご飯（温かいもの）…250g

つくり方
❶ 豚肉は一口大に、玉ねぎは繊維に直角に切る。にんじんとじゃがいもは食べやすい大きさに切る。ブロッコリーは塩ゆでする。にんにくとしょうがはみじん切りにする。
❷ 鍋にサラダ油を熱し、にんにくとしょうがを炒め、香りが出たら肉を炒める。ブロッコリー以外の野菜を炒めて、油が回ったらひたひたになるまで水を加えて煮る。
❸ 材料が柔らかくなったらカレールーを加えて味がなじむまで煮て、火を止める直前にブロッコリーを加える。
❹ 器にご飯を盛り付け、❸をかける。

鶏手羽塩焼き

材料（1人分）
鶏手羽先…3本　塩、こしょう…各適量　トマト、パセリ、レモン…各適量　サラダ油…少々

つくり方
❶ 手羽先に塩、こしょうを少し強めにふり、しばらくおく。
❷ フライパンにサラダ油をなじませ、❶の水けをふいて入れ、塩、こしょうをふる。両面を色よく焼き、器に盛り、野菜とレモンを添える。

野菜サラダ

材料（1人分）
レタス…60g　きゅうり、トマト…各30g　紫玉ねぎ、にんじん、クレソン…各10g　好みのドレッシング…適宜

つくり方
❶ レタスとトマトは小さめのざく切り、きゅうりと紫玉ねぎは薄切り、にんじんはせん切りにする。
❷ 器に❶を盛り付けて、クレソンをちぎって散らし、ドレッシングをかける。

卵スープ

材料（1人分）
玉ねぎ…30g　しいたけ…1枚　卵…1個　ねぎ、さやいんげん…各少々　固形スープの素…1個　塩、こしょう…各少々

つくり方
❶ 玉ねぎとしいたけは薄切り、ねぎは白髪ねぎにする。さやいんげんは斜め薄切りにする。
❷ 鍋に水カップ1½とスープの素を入れて火にかけ、玉ねぎとしいたけを煮る。溶いた卵を少しずつ加えて混ぜ、かき玉に仕上げる。白髪ねぎといんげんを加えてさっと煮る。

献立カレンダー

木	金	土	日
2 (朝ごはん) ・高野豆腐の卵とじ ・ほうれん草のごまあえ ・レタスとハムのサラダ ・納豆 ・みそ汁 ・ご飯 ・フルーツ ・低脂肪乳 (夕ごはん) ・マーボーなす ・揚げシューマイ 甘酢あんかけ ・春雨中華サラダ ・卵スープ ・ご飯 ・フルーツ ・低脂肪乳	3 (朝ごはん) ・ひじき入り スクランブルエッグ ・ウインナソーセージソテー ・ツナサラダ ・納豆 ・かぼちゃのスープ ・ご飯 ・フルーツ ・低脂肪乳 (夕ごはん) ・タンドリーチキン ・ターメリックライス ・野菜サラダ ・コンソメスープ ・フルーツ ・低脂肪乳 ・ヨーグルト	4 (朝ごはん) ・さばのみそ煮 大根おろし添え ・卵黄のせとろろいも ・納豆 ・みそ汁 ・グリンピースご飯 ・フルーツ ・低脂肪乳 (夕ごはん) ・鶏手羽先と手羽元の トマトソース煮 ・温野菜 ・チーズ入り野菜サラダ ・ハムとオニオンのスープ ・ご飯 ・フルーツ ・低脂肪乳	5 (朝ごはん) ・トースト バター、ジャム添え ・目玉焼き＆ベーコンソテー ・かぼちゃとレーズンの サラダ ・ミネストローネ ・フルーツ ・低脂肪乳 ・ヨーグルト (夕ごはん) なし
9 (朝ごはん) ・ロールキャベツ トマトソース煮 ・野菜の炊き合わせ ・青菜のピーナッツあえ ・納豆 ・みそ汁 ・ご飯 ・フルーツ ・低脂肪乳 (夕ごはん) ・エビチリソース ・にらまんじゅう ・春雨中華サラダ ・卵スープ ・ご飯 ・フルーツ ・ヨーグルト	10 (朝ごはん) ・さばの梅肉焼き ・しらす大根おろし ・豚肉のいんげん巻き 甘辛だれ ・納豆 ・みそ汁 ・ご飯 ・フルーツ ・豆乳 (夕ごはん) ・五目冷やし中華 ・いなりずし ・かにサラダ ・フルーツ ・ヨーグルト	11 (朝ごはん) ・肉だんごチーズのせ焼き ・ミックスビーンズサラダ ・冷ややっこ ・野菜サラダ ・みそ汁 ・ご飯 ・フルーツ ・低脂肪乳 (夕ごはん) ・若鶏のから揚げ 青じそ風味 ・和風スパゲッティー ・海藻サラダ ・みそ汁 ・ご飯 ・フルーツ ・低脂肪乳	12 (朝ごはん) ・トースト ・スクランブルエッグ＆ ソーセージソテー ・ツナサラダ ・コンソメスープ ・フルーツ ・低脂肪乳 ・ヨーグルト (夕ごはん) なし

鹿島アントラーズ
ユース寮

1か月

	月	火	水
1 週目 →			1 (朝ごはん) ・焼き魚　大根おろし添え ・はんぺんチーズ焼き ・海藻サラダ ・納豆 ・みそ汁 ・大根葉入りご飯 ・フルーツ ・低脂肪乳 (夕ごはん) ・豚肉の塩だれ焼き ・野菜炒め ・焼きギョーザ ・みそ汁 ・ご飯 ・フルーツ ・低脂肪乳 ・ヨーグルト
2 週目 →	6 (朝ごはん) ・たちうおの西京焼き ・豚ひき肉入り厚焼き卵 ・大根のなます ・納豆 ・みそ汁 ・ご飯 ・フルーツ ・低脂肪乳 (夕ごはん) ・野菜たっぷりカレーライス ・サーモンマリネ ・野菜スティック ・卵スープ ・フルーツ ・ヨーグルト	7 (朝ごはん) ・野菜、ツナ、 ハムのサンドイッチ ・ジャーマンポテトと ボイルドエッグ ・キャベツとソーセージの スープ ・フルーツ ・低脂肪乳 (夕ごはん) ・豚肩ロース肉のソテー 大根おろしソース ・温野菜 ・厚切りごぼうのきんぴら ・オクラ冷ややっこ ・みそ汁 ・ご飯 ・フルーツ　・低脂肪乳	8 (朝ごはん) ・塩鮭焼き ・厚焼き卵 ・山いもおろし ・さつまいものレモン煮 ・納豆 ・みそ汁 ・ご飯 ・フルーツ ・低脂肪乳 (夕ごはん) ・ロコモコ ・シーザーサラダ ・コンソメスープ ・フルーツ2種 ・ヨーグルト

↓つづく

木	金	土	日
16 (朝ごはん) ・根菜とがんもどきの煮物 ・焼きさつま揚げ ・納豆ゆで卵添え ・みそ汁 ・ご飯 ・フルーツ ・低脂肪乳　・ヨーグルト (夕ごはん) ・豚肉とゴーヤーの 黒酢炒め ・もつ煮込み ・トマトサラダ ・チキンブイヨンスープ ・ご飯 ・フルーツ　・低脂肪乳	17 (朝ごはん) ・さばのごま七味焼き ・しらす大根おろし ・きゅうりとわかめの酢の物 ・納豆 ・みそ汁 ・ご飯 ・フルーツ ・低脂肪乳 (夕ごはん) ・豚キムチ ・豆腐ハンバーグ ・野菜サラダ ・みそ汁 ・ご飯 ・フルーツ ・ヨーグルト	18 (朝ごはん) ・ツナ入りスクランブルエッグ ・ソーセージソテー ・野菜サラダ ・あさり汁 ・ご飯 ・フルーツ ・豆乳 (夕ごはん) ・オムライス ・鶏の照り焼き ・チーズ入り野菜サラダ ・かぼちゃの ポタージュスープ ・低脂肪乳　・ヨーグルト	19 (朝ごはん) ・赤魚の西京焼き ・ほうれん草のおひたし ・刻みオクラと山いも ・納豆 ・みそ汁 ・ご飯 ・フルーツ ・低脂肪乳 (夕ごはん) なし
23 (朝ごはん) ・えびしんじょう 野菜あんかけ ・ほうれん草の磯辺あえ ・納豆 ・みそ汁 ・ご飯 ・フルーツ ・低脂肪乳 (夕ごはん) ・豚ロース肉の エスニック炒め ・温野菜 ・ひじき煮 ・納豆 ・みそ汁 ・ご飯 ・フルーツ ・低脂肪乳	24 (朝ごはん) ・ねぎ入りスクランブルエッグ ・厚揚げそぼろあん ・もずく酢 ・納豆 ・みそ汁 ・ご飯 ・フルーツ ・豆乳 (夕ごはん) ・肉うどん ・しらすご飯 ・大根とにんじんの なますナッツ入り ・フルーツ ・低脂肪乳 ・ヨーグルト	25 (朝ごはん) ・まぐろの角煮 ・ひじき煮 ・納豆ゆで卵添え ・みそ汁 ・ご飯 ・フルーツ ・低脂肪乳 (夕ごはん) ・キムチチャーハン ・肉じゃが ・野菜サラダ ・卵スープ ・フルーツ ・低脂肪乳	26 (朝ごはん) ・スクランブルエッグ ・オクラ納豆 ・ウインナーソテー ブロッコリー添え ・みそ汁 ・ご飯 ・フルーツ ・低脂肪乳 (夕ごはん) なし
30 (朝ごはん) ・焼き魚 ・ひじき入り厚焼き卵 ・切り干し大根煮 ・山いもせん切り ・納豆 ・みそ汁 ・ご飯 ・フルーツ ・低脂肪乳 (夕ごはん) ・鶏竜田揚げ 大根おろしソース ・野菜炒め ・刻みオクラと冷ややっこ ・冷やしトマト ・みそ汁 ・ご飯 ・フルーツ　・ヨーグルト	31 (朝ごはん) ・かれいのムニエル ・こふきいも ・軟骨入りつくね焼き ・オクラ納豆 ・みそ汁 ・ご飯 ・フルーツ ・低脂肪乳 (夕ごはん) ・ちらしずし ・山菜そば ・肉豆腐 ・フルーツ ・低脂肪乳		

	月	火	水
3週目	13 (朝ごはん) ・開きいわしのチーズ焼き ・大根おろし ・卵入りきんちゃく煮 ・納豆 ・みそ汁 ・ご飯 ・フルーツ ・ヨーグルト (夕ごはん) ・カレーライス ・手羽元のケチャップ煮 ・シーフードサラダ ・そうめん汁 ・フルーツ ・低脂肪乳	14 (朝ごはん) ・ミックスベジタブル入り卵焼き ・フランクフルトソーセージソテー ・チンゲン菜と干しえびのさっと煮 ・つみれ汁 ・ご飯 ・フルーツ ・低脂肪乳 (夕ごはん) ・牛肉の柳川風 ・ひじき煮 ・オクラ納豆 ・揚げギョーザ ・みそ汁 ・ご飯 ・フルーツ　・低脂肪乳	15 (朝ごはん) ・煮魚　ごぼう煮添え ・カリフラワーとベーコンの煮物 ・いかとれんこんの甘辛あえ ・納豆 ・みそ汁 ・ご飯 ・フルーツ ・低脂肪乳 (夕ごはん) ・担々麺 ・えびシューマイ ・野菜たっぷり中華サラダ ・フルーツ ・低脂肪乳
4週目	20 (朝ごはん) ・厚切り食パンのトースト ・目玉焼き＆ベーコンソテー ・シーザーサラダ ・ビシソワーズ ・フルーツ ・低脂肪乳 (夕ごはん) ・シーフードカレーライス ・手羽元のあぶり焼き レモン添え ・ほっき貝の野菜サラダ ・みそ汁 ・ご飯 ・フルーツ ・ヨーグルト	21 (朝ごはん) ・具だくさんうどん ・五目いなりずし ・豆腐サラダ ・フルーツ ・低脂肪乳 (夕ごはん) ・鶏のから揚げ ・モロヘイヤ納豆 ・酢れんこん ・野菜サラダ ・しいたけのすまし汁 ・ご飯 ・フルーツ ・低脂肪乳	22 (朝ごはん) ・目玉焼き　・チキンボール ・温野菜 ・豆腐のいり煮 ・納豆 ・みそ汁 ・ご飯 ・フルーツ ・低脂肪乳 (夕ごはん) ・かに玉　甘酢あんかけ ・いわしの竜田揚げ ・ハムサラダ ・みそ汁 ・ご飯 ・フルーツ ・ヨーグルト
5週目	27 (朝ごはん) ・鮭のから揚げ南蛮漬け ・じゃがバター ・納豆 ・みそ汁 ・ご飯 ・フルーツ ・低脂肪乳 (夕ごはん) ・手ごねハンバーグ ・温野菜 ・トマトサラダ ・ブイヨンスープ ・ご飯 ・フルーツ ・低脂肪乳	28 (朝ごはん) ・クロックムッシュ ・ツナ入りスクランブルエッグ ・野菜サラダ ・コーンスープ ・フルーツ ・ヨーグルト (夕ごはん) ・カレーライス ・チーズ入り野菜サラダ ・手羽元のコラーゲンスープ ・フルーツ ・デザートゼリー ・低脂肪乳	29 (朝ごはん) ・五目炊き込みご飯 ・野菜の煮物 ・ポテトサラダ ・納豆ゆで卵添え ・みそ汁 ・フルーツ ・低脂肪乳 (夕ごはん) ・豚ロース肉のしょうが焼き ・温野菜 ・かじきまぐろ甘酢煮 ・オニオンスライス ・あさりのみそ汁 ・ご飯 ・フルーツ ・豆乳

福島千里

短距離走選手

「〝食べる〟意識が
変わったら
確実にカラダが
変わりました」

©PICSPORT

2大会連続でオリンピック日本代表に選ばれた女子短距離界のエース、福島選手の食生活について、栄養サポートをする村野あずささんに聞きました。

真摯に競技に取り組む姿と“今”を大事にするひたむきさに心を打たれます

福島選手の栄養サポートをスタートしたのは2009年から。前年の北京オリンピックに出場し、世界で活躍するトップ選手との体格差やスタミナの違いを目の当たりした福島選手にとって、カラダづくりは大きな課題でした。

世界の舞台で戦いたい、日本の女子短距離界のレベルを引き上げたい、という高い志を持つ福島選手。普段はほわっとして、マイペースな一面も多いですが、いざトラックに立つとアスリートのスイッチがオンになり、いざというときの集中力はすごいですね。オンとオフの切り替えがとても上手で責任感も強く、自分がやるべきことを着実にこなしています。周囲に対する気遣いもできる、だれからも愛される性格。彼女のことを知れば知るほど応援したくなる魅力いっぱいの選手です。

子どものころから食が細いのが悩み

福島選手が陸上競技を始めたのは小学4年生から。北海道の大自然の中で伸び伸びと元気に育った福島選手ですが、子どものころから食が細いのが悩みでもありました。「母はなんとか食べさせようと試合のときには小さめのおにぎりをつくって持たせてくれたのですが、それさえも食べられなかった」と、お母さんを困らせていたそうです。

村野あずさ

むらの・あずさ　ザバス　スポーツ&ニュートリション・ラボ所属。管理栄養士。自身も長距離選手として実業団で走った経歴を持つ。福島選手のほかに、陸上競技選手、プロ野球選手、プロサッカー選手などの栄養サポートを担当している。

食べることもトレーニング。食事に対する意識改善からスタート

指導者である中村宏之監督から「食べることも練習だ」と日ごろからいわれていた福島選手。世界の舞台で戦うためには本格的な肉体改造が必要となり、その第一歩として食事改善からスタートしました。

サポート当初の1日の摂取エネルギー量は約2000kcal。これは特に運動をしていない一般の成人女性の1日に必要なエネルギー量に相当します。毎日ハードなトレーニングをこなし、筋力やスタミナ強化を課題にしている福島選手にはこの量では足りません。

最初に行った食事調査では、摂取エネルギー量だけでなく、必要な栄養素が大幅に不足していることもわかりました。その結果を見た福島選手は自分の栄養状態が〝こんなにひどいのか〟と愕然としたそうです。

「何をどこから改善していけばよいかわからなかった」という福島選手に提案したのは、「栄養フルコース型」の食事の徹底です。「栄養素のことを考えるのは難しいけど、『栄養フルコース型』の食事なら自分でもできる」、と自分の食べたものを「栄養フルコース型」の食事に振り分けて、約1か月間毎日記録をつけてもらい、チェックとアドバイスを繰り返しました。これは自分で献立を考えるときのベースになりますし、足りないものは後から補うということがしやすくなります。

食事への向き合い方が変わったらカラダが変わった。1食1食を大切にしたい

半年ぐらい経って、福島選手から食事や栄養についての質問や相談も増えてきました。積極的に自炊を心がけ、昼食も外食ではなくお弁当づくりにも力を入れるようになりました。ある日、お弁当を見せてもらったのですが、それはとても小さいもの。〝バランスはよくなったけど、量が少ないね〟と指摘しました。その後、福島選手から、「あの後すぐに大きなお弁当箱を買いに行きました」と連絡がありました。食事を意識し始めたと感じた出来事です。

徐々に料理をつくることにも慣れ、毎日の食事量も増え、食べるタイミングのことを考えたり、一度に食べられないなら補食でこまめに食べて1日の総量を増

小さいお弁当箱から大きなお弁当箱に替えて食事量アップ。

やしたり、自分なりの工夫もできるようになってきました。食事量も2000kcalから3000kcalにボリュームアップし、それに伴って筋力もアップ。それまでは監督や周囲が心配するくらいに少食だったのが、今では全日本チームの中で最も食べるように変わったと聞いています。

「以前は食事への意識が全くといっていいほどありませんでした。でも意識して改善していくようになってから、食事の大切さを実感しました。その一番の理由は、とにかくカラダが全然違うということ。体重が増えたことはもちろん、疲れやすさが違うし、ケガもしにくくなりました」と福島選手。トレーニングはそれほど大きく変えたわけではないので、食事への意識と向き合い方が変わったことが一番大きいともいいます。「以前は自炊をすることで満足したり、1週間で帳尻を合わせればいいと思っていましたが、トレーニングに合わせて食べることやタイミングも大事。だから、1食1食を大切にしなくてはと思っています」。

〝世界レベルで戦える選手になりたい〟という目標を実現するために、トレーニングはもちろん、食事面も強化して努力を続ける福島選手。これからさらに経験を積んでいくことで進化を続けていくことでしょう。

たくさん食べて、たくさん練習できるカラダをつくりましょう

未来のスポーツ界を担う次世代のスポーツジュニアには、今のうちから〝食べる力〟を養って欲しいと思います。私はこれまで、多くのアスリートに関わってきましたが、年齢が増すごとに疲労が抜けにくくなったり、ケガに悩まされる機会が増えた選手をたくさん見てきました。そういうときに食べる力を身につけている選手は大人になってから食事面での苦労が少なくてすむように思います。毎日の食事は練習と同じくらい大事です。たくさん食べてたくさん練習できるカラダをつくっていきましょう！

ふくしま・ちさと　短距離走選手。1988年、北海道中川郡幕別町生まれ。北海道ハイテクＡＣ所属。主な実績は'08年北京、'12年ロンドンとオリンピック２大会連続出場。'09、'11年の世界陸上に出場。'10年のアジア大会では100m、200mの２冠を達成し、現在、100m、200m日本記録を保持。

福島千里選手からスポーツジュニアのみなさんへ

たくさん練習するためには、たくさん食べることが大事。食べることも練習。
食べる練習は365日×3回のチャンスがあります。
1食でも無駄にしたらもったいない。
1日3回のチャンスを大事にし、一緒にがんばっていきましょう!

お弁当見せてください

クラブチームや部活で野球をがんばっている、中学1年生のお弁当を見せてもらいました。大きく、強くなるために、お弁当の中には工夫と愛情がいっぱいです。

今回、お弁当を見せてくれたのは、NPB12球団ジュニアトーナメントENEOS CUP 2011に出場した、ジャイアンツジュニアチームのメンバーです。その中の8名のお母さんがお弁当を持って集まってくれました。

東京都、川崎地区の小学校6年生を選抜し編成されたジャイアンツジュニアは、大会に向け3か月間練習をします。その3か月間、「ザバス」が栄養サポートを行っています。選手達には練習前と後に、体調管理のことや食事の大切さなどを話したり、保護者には栄養セミナーを行い、みんなで選手をサポートする環境をつくっています。

チームが解散して半年。選手は中学生になりました。さて、そのお弁当はどうでしょう。ガッツリ食べられる子もいれば、なかなか量を食べられない子、そしてチームによっては〝2合飯〟が決まりというところもあるようです。「栄養フルコース型」の食事を目指し、選手がたくさん食べられるようにみなさん、がんばっています。

小学6年生（約1年前）のときのお弁当

ジャイアンツジュニアチームの練習初日のお弁当です。抜き打ちでの撮影で、保護者の方も栄養セミナーなどは受けていないときのもの。ニュートリションコーチの松﨑さんにポイントを教えていただきました。

主食と果物中心の高炭水化物（高糖質）、高ビタミンのお弁当は試合前にもってこいです。

大柄な選手の大きなお弁当。チャーシュー、ポテトサラダ、春雨などおかずもしっかり入ってます。

小ぶりなお弁当ですが、小さなおにぎりをたくさん持たせると食事量アップにつながります。

色鮮やかなお弁当は栄養バランスもグッド！　エネルギー系ゼリーをプラスして攻めの栄養補給ができています。

コンビニおにぎりでも、カラダづくりにはたんぱく質系の具がおすすめです。2個で練習の最後までおなかは持つかな？

中学1年生のお弁当（土日の練習日用）

お弁当ファイル：1

栄養バランスよくを目指して！

選手データー

所属：ボーイズリーグ
身長：170cm
体重：58kg
ポジション：
　キャッチャー
1日の練習時間：
　約7時間

お弁当メニュー

- カレー
- 豚バラ肉甘辛炒め
- ウインナーソテー
- 卵焼き
- 焼きたらこ
- ゆでブロッコリー
- ミニトマト
- ご飯（550g）
- オレンジ
- 100％オレンジジュース
- エネルギーゼリー

●お弁当のひと工夫●

ご飯はどうしても冷えてしまいます。さらに夏は傷み防止のために保冷剤を入れるので、余計にキンキンに冷えた状態。少しでも食べやすいようにと、保温ポットにカレーや煮込みなどの温かいものを入れ、食べやすいようにしています。

お弁当ファイル：2

食が進むスタミナメニュー

選手データー

所属：シニアリーグ
身長：166cm
体重：61kg
ポジション：
　外野手・ピッチャー
1日の練習時間：
　約12～14時間

お弁当メニュー

- 三色そぼろ（ひき肉・いり卵・ほうれん草）
- 酢の物（わかめ・きゅうり）
- 魚肉ソーセージとピーマンのおかかマヨ炒め
- ミニトマト
- ご飯
- エネルギーゼリー

●お弁当のひと工夫●

チームでの決まりで2ℓのお弁当箱を準備。量が多いので、完食できるお弁当づくりを心がけています。今日もご飯の間にひき肉そぼろをはさんで、食べやすいように工夫しました。準備するご飯は3合分で、補食用のおにぎりを作り、残りをお弁当に詰めています。

お弁当ファイル：3

色とりどり、見て楽しく！

選手データー

所属：中学野球部
身長：162cm
体重：52kg
ポジション：
　外野手・ピッチャー
1日の練習時間：
　約8時間

お弁当メニュー

- 豚肉の野菜巻き焼き
- 厚揚げとしらたきの煮物
- ほうれん草のおひたし
- ゆで卵
- ゆでブロッコリー
- ミニトマト
- チーズ／かまぼこ
- わかめご飯 梅干し添え（ご飯1合分）
- エネルギーゼリー

●お弁当のひと工夫●

大好きなおかずは、から揚げ、焼き肉、トンカツで、おかずは肉が中心です。茶色いおかずばかりにならないよう、彩りよくなるように心がけています。白いご飯よりも、ちょっと味がついたご飯が食べやすいというので、今日はわかめを混ぜました。

お弁当ファイル：4

栄養バランス満点！

選手データー
所属：
ボーイズリーグ
身長：174cm
体重：56kg
ポジション：
ピッチャー・ショート
1日の練習時間：
約8時間

お弁当メニュー
・牛肉と玉ねぎのホワイトソースがけ
・鮭としめじのバターじょうゆ炒め
・ほうれん草のオムレツ（チーズ、ツナ入り）
・きんぴらごぼう
・コールスロー
・ご飯（1.5合分）
・焼きのり
・100%グレープフルーツジュース
・エネルギーゼリー
・小さなお菓子や菓子パン（バームクーヘン）

●お弁当のひと工夫●

本当はパン好きなのですが、栄養バランスとスタミナを考えて練習日はご飯のお弁当にしています。白いご飯が食べやすいように、焼きのりを別に添えています。平日もお弁当なので、夕食のメニューも含め、飽きないようにするために献立に気をつけています。

お弁当ファイル：5

強く、大きくなぁれ！

選手データー
所属：ボーイズリーグ
身長：172cm
体重：59kg
ポジション：
ピッチャー・サード
1日の練習時間：
約8時間

お弁当メニュー
・ピリ辛豚肉のしょうが焼き
・野菜炒め（玉ねぎ、にんじん、ピーマン、パプリカ）
・プチトマト
・ゆで枝豆
・ご飯（730g）
・韓国のり
・りんご
・100% オレンジジュース
・エネルギーゼリー

●お弁当のひと工夫●

ご飯が進むように、肉などに唐辛子パウダーで辛みをプラス。ご飯は必ず計量し、少し小さめのお弁当箱にギュッと詰めて、量を感じさせず、食べられるようにしています。

お弁当ファイル：6

とにかくガッツリ！

選手データー
所属：ボーイズリーグ
身長：165cm
体重：53kg
ポジション：
内・外野手
1日の練習時間：
約8時間

お弁当メニュー
・肉そぼろご飯（ゆで枝豆）
・塩麹漬け鶏のから揚げ
・卵焼き
・スパゲッティー
・ゆでブロッコリー
・うずら卵
・プチトマト
・100%オレンジジュース
・エネルギーゼリー

●お弁当のひと工夫●

少食で、好き嫌いが多いのでどうしたら気持ちよく量を食べられかを考えています。ご飯に味がついているほうが食べやすいので、今日は肉そぼろご飯です。好きなものをたくさん入れ、でも嫌いなものも1品入れて嫌いなものが克服できるように心がけています。

お弁当ファイル：7

スプーンで食べられる!

選手データー
所属：シニアリーグ
身長：166cm
体重：75kg
ポジション：
　ピッチャー
1日の練習時間：
　約8時間

お弁当メニュー
・カレー
・鶏のから揚げ
・ゆでブロッコリー
・ご飯（2合分）
・100%オレンジジュース
・エネルギーゼリー

●お弁当のひと工夫●

チームの決まりが2合飯。休み時間が短いので、いかに2合飯を食べられるかを考えると、大きなスプーンでご飯もおかずも一緒に食べられるお弁当に。今日もご飯とおかずにカレーをかけて食べています。ほかによくつくるのは中華丼です。栄養バランスもいいし、本人も大好きなので。

お弁当ファイル：8

彩りよく!

選手データー
所属：ボーイズリーグ
身長：162cm
体重：53kg
ポジション：
　ピッチャー・ショート
1日の練習時間：
　約8時間

お弁当メニュー
・カレー風味白身魚のフライ
・ミートボール
・アスパラベーコン巻き
・卵焼き
・しなちくきんぴら
・プチトマト
・わかめご飯焼きたらこのせ（ご飯約1.5合分）
・野菜ジュース
・エネルギーゼリー

●お弁当のひと工夫●

量が食べられないので、食欲がわくように彩りよいお弁当を目指しています。なかなか完食できないのですが、これだけは食べよう！という量を詰めています。できるだけギュッと詰めて量を少なく見せ、卵焼きもすだれで巻いて形をよくしています。少しでも野菜が食べられるように、仕切りはレタスなどの葉野菜にしています。

お弁当は最強サポートアイテムだ!

ジャイアンツジュニア
ニュートリションコーチ

松﨑 愛

（まつざき・あい）ザバススポーツ＆ニュートリション・ラボ所属。ジャイアンツアカデミーほか、Jリーグ下部組織、陸上教室を中心に、ジュニア、保護者、指導者に向けた栄養情報の普及活動を行なっている。

成長期のスポーツジュニアは、たくさんの栄養が必要なので、お弁当といえど、しっかり栄養を詰めたいですね。日ごろの基本はやはり「栄養フルコース型」の食事のお弁当を。おにぎり弁当なら、お肉や魚の「おかず」を詰め込むと力強い！　よいコンディション作りには、100%果汁ジュースを飲む習慣を。愛情と栄養は詰めた分だけ、選手の大きな力となっています。

栄養サポート現場から　これやってみよう！

栄養サポートの取り組みの中から、子どもたちが食事に興味を持つためのきっかけづくりとして、実際に子どもたちが書き込んだものをご紹介します。何を食べたのか、どれくらい食べているのか、足りている栄養、不足している栄養などについて、子どもたち自身でチェックするものです。
絵を描く、カラフルなシールをはるなど、楽しみながらできるように工夫しています。
子どもたちが食事の大切さを理解し、
毎日の食事内容を子どもたち自身で自己管理ができるようになるための第一歩です。

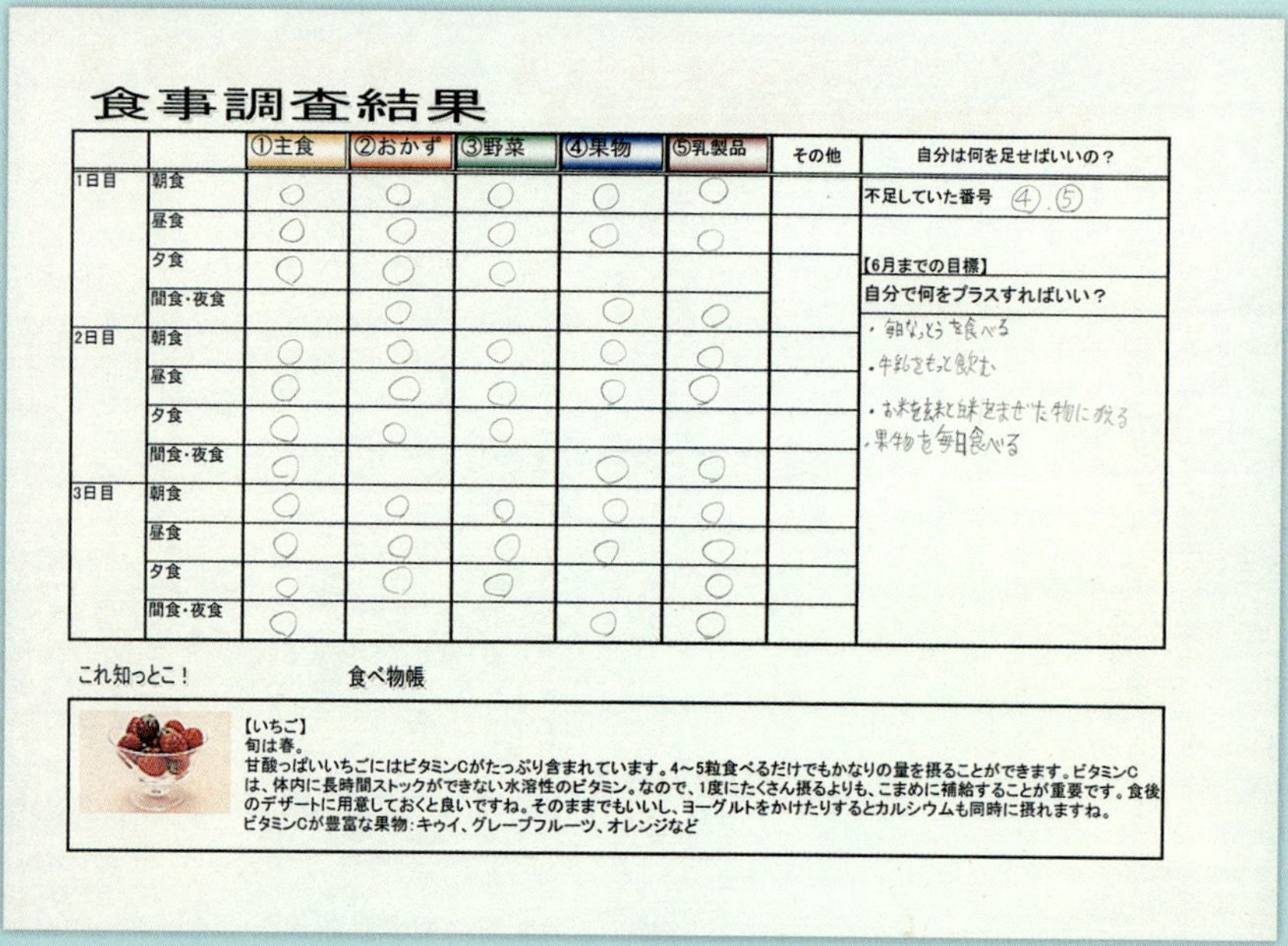

食事調査結果

		①主食	②おかず	③野菜	④果物	⑤乳製品	その他
1日目	朝食	○	○	○	○	○	
	昼食	○	○	○	○	○	
	夕食	○	○	○			
	間食・夜食		○		○	○	
2日目	朝食	○	○	○	○	○	
	昼食	○	○	○	○	○	
	夕食	○	○	○			
	間食・夜食	○			○	○	
3日目	朝食	○	○	○	○	○	
	昼食	○	○	○	○	○	
	夕食	○	○	○		○	
	間食・夜食	○			○	○	

自分は何を足せばいいの？
不足していた番号　④.⑤
【6月までの目標】
自分で何をプラスすればいい？
・朝なっとうを食べる
・牛乳をもっと飲む
・お米を玄米と白米をまぜた物に変える
・果物を毎日食べる

これ知っとこ！　食べ物帳

【いちご】

旬は春。

甘酸っぱいいちごにはビタミンCがたっぷり含まれています。4～5粒食べるだけでもかなりの量を摂ることができます。ビタミンCは、体内に長時間ストックができない水溶性のビタミン。なので、1度にたくさん摂るよりも、こまめに補給することが重要です。食後のデザートに用意しておくと良いですね。そのままでもいいし、ヨーグルトをかけたりするとカルシウムも同時に摂れますね。

ビタミンCが豊富な果物：キゥイ、グレープフルーツ、オレンジなど

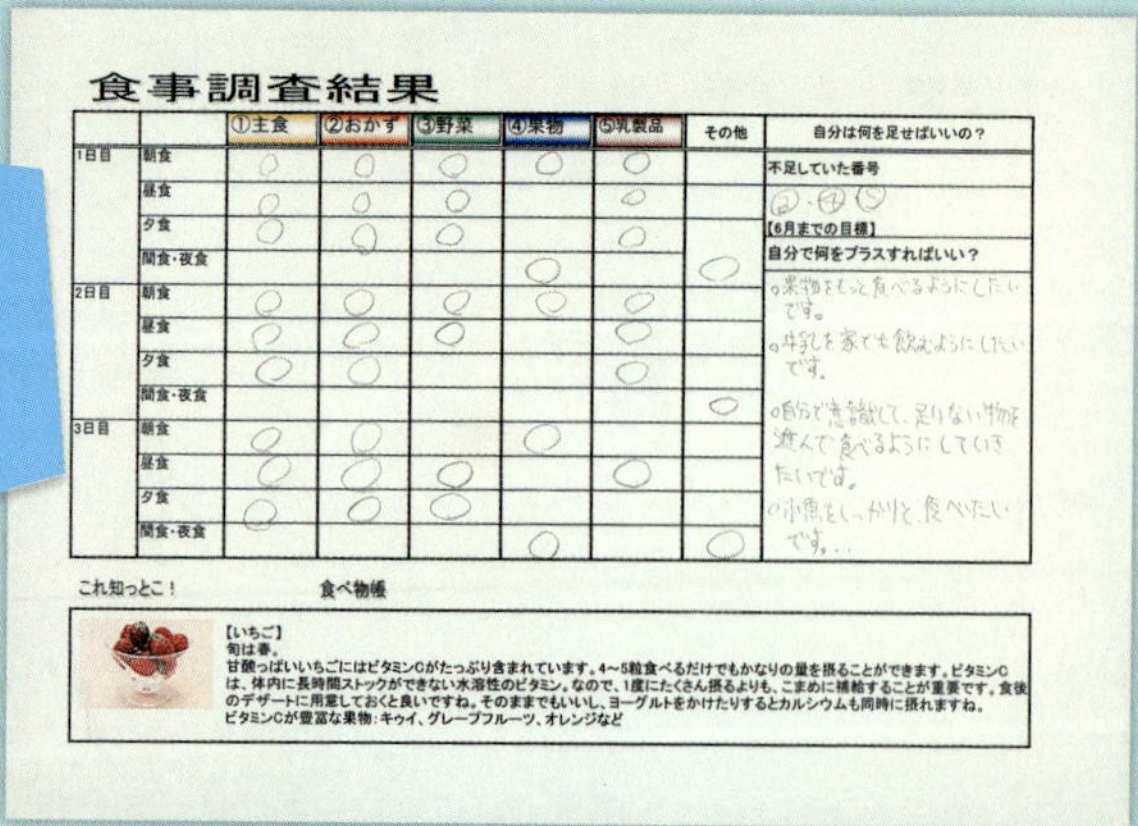

食事調査結果

		①主食	②おかず	③野菜	④果物	⑤乳製品	その他
1日目	朝食	○	○	○	○	○	
	昼食	○	○	○		○	
	夕食	○	○	○		○	
	間食・夜食				○		○
2日目	朝食	○	○	○	○	○	
	昼食	○	○	○		○	
	夕食	○	○			○	
	間食・夜食						○
3日目	朝食	○	○		○		
	昼食	○	○	○		○	
	夕食	○	○	○			
	間食・夜食				○		○

自分は何を足せばいいの？

不足していた番号
②.④.⑤
【6月までの目標】

自分で何をプラスすればいい？
○果物をもっと食べるようにしたいです。
○牛乳を家でも飲むようにしたいです。
○自分で意識して、足りない物を選んで食べるようにしていきたいです。
○小魚をしっかりと食べたいです。。。

これ知っとこ！　食べ物帳

【いちご】

旬は春。

甘酸っぱいいちごにはビタミンCがたっぷり含まれています。4～5粒食べるだけでもかなりの量を摂ることができます。ビタミンCは、体内に長時間ストックができない水溶性のビタミン。なので、1度にたくさん摂るよりも、こまめに補給することが重要です。食後のデザートに用意しておくと良いですね。そのままでもいいし、ヨーグルトをかけたりするとカルシウムも同時に摂れますね。

ビタミンCが豊富な果物：キウイ、グレープフルーツ、オレンジなど

食事調査結果

「栄養フルコース型」の
食事の5つの食品が、
毎食とれているかをチェックして
○をつけます。

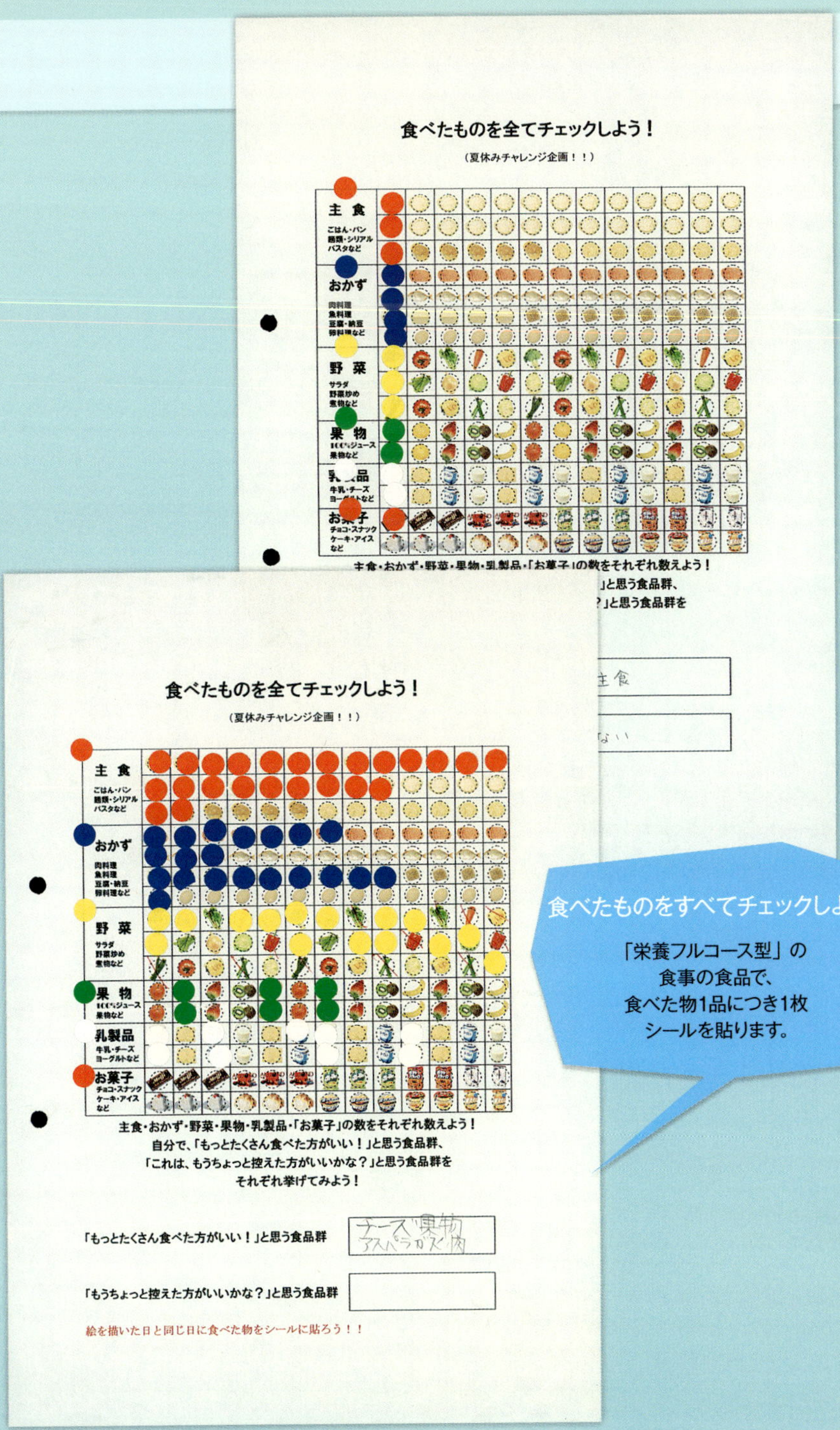

食べたものをすべてチェックしよう！

「栄養フルコース型」の
食事の食品で、
食べた物1品につき1枚
シールを貼ります。

～夏休み第2回～
食べた物を絵にかいてください！
回収日・・・休み明け最初の練習日
SAVAS
ある1日、自分の食べた物を好きなようにかいてください
<朝食>
ご飯1ぱい
目玉焼きとウィンナー
牛乳
<昼食>
ハッシュドビーフ
みそ汁
<夕食>
牛乳
サラダ
納豆
ご飯2はい
ハンバーグ
シチュー
<間食>
ホットドッグ 1個

食べたものを絵にかいてください!

ある1日の食事を、
自由に絵でかきます。
料理名や量を書き込んだり、
色をつけるのもポイントです。

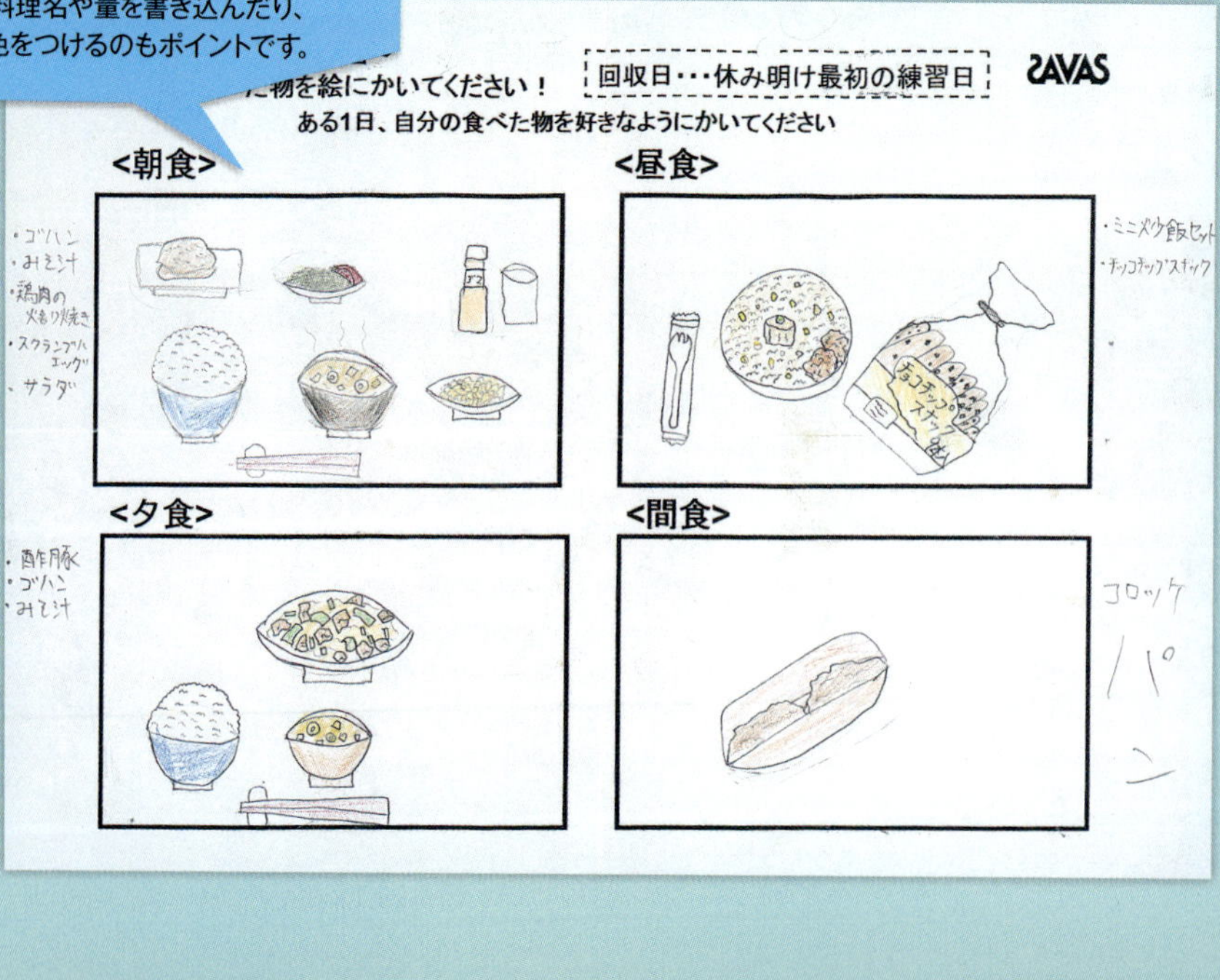
た物を絵にかいてください！
回収日・・・休み明け最初の練習日
SAVAS
ある1日、自分の食べた物を好きなようにかいてください
<朝食>
・ゴハン
・みそ汁
・鶏肉の
・スクランブルエッグ
・サラダ
<昼食>
・ミニ炒飯セット
・チョコチップスティック
チョコチップスナック
<夕食>
・酢豚
・ゴハン
・みそ汁
<間食>
コロッケ
パン

4

4章【復習編】

栄養ドリル
みんなで一緒に考えよう

今まで学んできたことが身についているか、チェックしてみましょう。

監修　酒井健介（城西国際大学　薬学部）

栄養ドリルの使い方

この栄養ドリルは、スポーツジュニアが知っておきたい栄養知識について、
質問形式でまとめたものです。12 のテーマがあります。
この本の1章（→ P8 ～ 47）、2章（→ P54 ～ 73）を読んでから、復習として行ってもいいでしょう。
本を読む前に、栄養ドリルから行っても構いません。

中には専門的なむずかしい言葉も出てきますが、栄養を学ぶ上で大事な言葉です。
わからないときは、家族や友だち、コーチに聞いたり、辞書などで調べてみましょう。

栄養ドリルを行ったら下の表に印をつけます。
1回に限らずに、2回、3回……と繰り返してください。
1回で覚えられなくてもいいんです。
内容がよくわからないときは、本文の参考ページを読み返しましょう。
繰り返すことが大事。繰り返して行ううちに、必ず身についていくはずです。
さあ、チャレンジしてみましょう。

＊このドリルは中学生を想定して作られています。小学生が行う場合は、保護者の方などがサポートしてください。

テーマ		1回目 チェック ✔	2回目 チェック ✔	3回目 チェック ✔	参考ページ
1	人のカラダと食物の関係	□	□	□	10 ～ 11、28 ～ 35 ページ
2	主食からエネルギー補給	□	□	□	18 ～ 19、36 ～ 39 ページ
3	おかずでカラダづくり	□	□	□	20 ～ 21、36 ～ 39 ページ
4	野菜でコンディショニング	□	□	□	26 ～ 27、36 ～ 39 ページ
5	果物でコンディショニング	□	□	□	26 ～ 27、36 ～ 39 ページ
6	乳製品でカラダづくり	□	□	□	24 ～ 25、36 ～ 39 ページ
7	水分補給でコンディショニング	□	□	□	24 ～ 25、28 ～ 29 ページ
8	貧血予防とスタミナアップ	□	□	□	24 ～ 25、34 ～ 35 ページ
9	正しい補食	□	□	□	36 ～ 39、42 ～ 43 ページ
10	試合前の食事	□	□	□	36 ～ 39、58 ～ 60 ページ
11	試合当日・試合後の食事	□	□	□	36 ～ 39、58 ～ 67 ページ
12	サプリメント・クスリ・ドーピング	□	□	□	68 ～ 69 ページ

栄養ドリル 1 人のカラダと食物の関係

人のカラダは食べた物からできている

Q1

人のカラダを構成するもので、
最も多いのは
次のうちどれでしょうか。

①水
②たんぱく質
③脂質
④カルシウム
⑤炭水化物（糖質）

Q2

「筋肉」は、スポーツをする上で欠かせない組織です。
次の食品の中で、「筋肉」はどれでしょうか。

①卵　②肉　③豆腐　④食パン　⑤牛乳

Q3

「人の血液は赤い」のですが、
これはあるミネラルが
含まれているからです。
それは次のどれでしょうか

①ナトリウム
②カルシウム
③鉄
④カリウム
⑤マグネシウム

Q4

「骨」にはカルシウムが豊富に含まれます。次の食品中で、
カルシウムが「あまり含まれない」食品はどれでしょうか。

①しらす　②まぐろ刺身　③豆腐　④小松菜　⑤ヨーグルト

Q5

5人家族：お父さん（44歳）、お母さん（41歳）、お兄ちゃん（15歳）、
妹（13歳）、お婆ちゃん（67歳）の家族があります。一般的に、
この家族の中で、1日の食事を一番たくさん食べる必要があるのは
だれでしょうか。

①お父さん（44歳）
②お母さん（41歳）
③お兄ちゃん（15歳）
④妹（13歳）
⑤お婆ちゃん（67歳）

栄養ドリル 1　人のカラダと食物の関係

みなさん、人のカラダって「何」でできているか考えたことはありますか？　血液や筋肉、骨。また、胃や肝臓といった内臓。人のカラダはさまざまな臓器から構成されています。さらに、例えば骨には「カルシウム」が、筋肉には「たんぱく質」といった「栄養素」が豊富に含まれています。このような「栄養素」を、人は「食事」という行為のみによってカラダの中に取込むことができます。そういった意味では、「人のカラダは食べた物からできている!」といっても過言ではないでしょう。

A1

①水
②たんぱく質
③脂質
④カルシウム
⑤炭水化物（糖質）

正解は**①の水**です。人のカラダの60％程度が「水」で構成されます。血液や汗のほかにも、筋肉など人のさまざまな臓器にも「水」は豊富に含まれています。「水」は人の生命を維持する上で欠かすことができないものなのです。

A2

①卵
②肉
③豆腐
④食パン
⑤牛乳

正解は**②の肉**です。ふだん、口にしている「肉」は、それぞれの「動物の筋肉」であることをイメージできますか？　「刺身」はもちろん魚の「筋肉」ということになります。それでは、「卵」や「豆腐」、「食パン」などは、それぞれ食品のどんな部分に相当するのかを考えてみましょう。

A3

①ナトリウム
②カルシウム
③鉄
④カリウム
⑤マグネシウム

正解は**③の鉄**です。「貧血」という言葉を聞いたことがありますか？　実は、血液には「鉄」が含まれていて、この鉄が少ないと「貧血」症状が出て、「顔色が青白く」なったりします。同様に「肉が赤い」ことも、肉の中に「鉄」が含まれているからなのです。鉄分が含まれるレバーや赤身の肉、青菜野菜や貝類を食べて貧血を予防しましょう。

A4

①しらす
②まぐろ刺身
③豆腐
④小松菜
⑤ヨーグルト

正解は**②のまぐろ刺身**です。カルシウムが豊富な食品は、「乳製品」、「小魚」、「青菜野菜」「大豆製品」が代表的です。しらすのような小魚は骨ごと食べますね。「骨」を丈夫にするためのカルシウムは、「動物の骨」に豊富に含まれています。一方、「刺身」は人でいえば「筋肉」に相当する部位で、カルシウムをあまり含んでいません。

A5

①お父さん（44歳）
②お母さん（41歳）
③お兄ちゃん（15歳）
④妹（13歳）
⑤お婆ちゃん（67歳）

正解は**③のお兄ちゃん**です。この5人家族で、最もたくさんのエネルギーを必要とするのはお兄ちゃんになります。15歳という成長期は、44歳のお父さんよりたくさんのエネルギーを必要とします。さらにこのお兄ちゃんがスポーツをしていれば、なおさらたくさんの食事が必要ということになります。

栄養ドリル **2**

主食からエネルギー補給

走る、考える、すべてのエネルギー源はこれだ

Q1

右の写真の中で、○で囲まれた料理は、「栄養フルコース型」の食事で、次の５つのうちどれにあてはまるでしょうか。

①主食
②おかず
③野菜
④果物
⑤乳製品

Q2

次の５つの写真の中に、この料理（問題１の○で囲まれたもの）と同じ仲間の「食品」が４つあります。

１つだけ仲間はずれの「食品」がありますが、それはどれでしょうか。

①ご飯

②パン

③うどん

④りんご

⑤シリアル

Q3

この料理（問題１の○で囲まれたもの）に含まれる主な栄養素は、次のどれでしょうか。

①炭水化物（糖質）
②たんぱく質
③脂質
④ビタミン
⑤ミネラル

Q4

この栄養素は、スポーツ選手にとって欠かすことのできない栄養素ですが、カラダの中で主にどのような働きをしているでしょうか（２つ）。

①走ったり、泳いだりするためのエネルギー源となる栄養素
②スポーツをする上で、相手との競り合いに負けない丈夫なカラダをつくるための栄養素
③カゼなどをひかないように、体調を整えてくれる栄養素
④骨折しにくい、丈夫な骨の源になる栄養素
⑤集中力を維持するために必要な栄養素

Q5

お米の中で、「最も栄養価の高い」お米はどれでしょうか。

①粥
②白米
③インディカ米
④胚芽米
⑤玄米

栄養ドリル 2

主食からエネルギー補給

「栄養フルコース型」の食事において、主食とは「エネルギー源になる主な食品」を指し、米や小麦からなる「ご飯」や「パン」、「麺類」などの食品があてはまります。これらの食品には、「炭水化物（糖質）」という栄養素が豊富に含まれます。スポーツを行うときの主要なエネルギー源でもあります。毎日、毎食、主食を食べましょう。

A1

①主食
②おかず
③野菜
④果物
⑤乳製品

正解は**①の主食**です。代表的な主食は、「ご飯」、「パン」、「麺（パスタ・うどん・そば・ラーメン）」のほか、「いも」、「餅」、「シリアル」などがあります。

A2

①米飯
②パン
③うどん
④りんご
⑤シリアル

正解は**④のりんご**です。りんごには、主食と同じ「炭水化物（糖質）」が含まれますが、食品上の分類は「果物」になります。米飯は米、パンやうどんは小麦から、シリアルは麦やトウモロコシからできています。

A3

①炭水化物（糖質）
②たんぱく質
③脂質
④ビタミン
⑤ミネラル

正解は**①の炭水化物（糖質）**です。食品中の炭水化物（糖質）は、消化吸収されて血液中の糖（血糖）となり、一部は肝臓や筋肉に「グリコーゲン」という形で蓄えられます。スポーツをするときに、この「グリコーゲン」がエネルギーとして使われています。

A4

①走ったり、泳いだりするためのエネルギー源となる栄養素
②スポーツをする上で、相手との競り合いに負けない丈夫なカラダをつくるための栄養素
③カゼなどをひかないように、体調を整えてくれる栄養素
④骨折しにくい、丈夫な骨の源になる栄養素
⑤集中力を維持するために必要な栄養素

正解は**①と⑤**です。炭水化物（糖質）は、カラダを動かすためのエネルギー源です。走ったり泳いだりするときには、筋肉に蓄えられたグリコーゲンがエネルギー源として利用されます。また、脳の主なエネルギー源でもあります。集中力を維持するためには、「頭（脳）」が冴えていることが重要ですね。

A5

①粥
②白米
③インディカ米
④胚芽米
⑤玄米

正解は**⑤の玄米**です。「栄養価の高い」食品とは、人のカラダに必要なさまざまな栄養素がたくさん含まれていることをいいます。ふだん、みんなが食べている白米は、玄米を精米したものです。玄米は「少し硬い」ので味的にあまり好まれないのですが、鉄やビタミンB群、食物繊維などさまざまな栄養素が含まれています。白米に少し加えて炊いてみてはいかがでしょうか？

栄養ドリル 3

おかずでカラダづくり

おいしい物でカラダはつくられる

Q1

右の写真の中で、○で囲まれた料理は、「栄養フルコース型」の食事で、次の５つのうちどれにあてはまるでしょうか。

①主食
②おかず
③野菜
④果物
⑤乳製品

Q2

次の５つの中に、この料理（問題１の○で囲まれたもの）と同じ仲間の「料理」が４つあります。1つだけ仲間はずれの「料理」がありますが、それはどれでしょうか。

①焼き鮭
②豆腐のみそ汁
③肉じゃが
④ひじきの煮物
⑤厚焼き卵

Q3

この料理（問題１の○で囲まれたもの）に含まれる主な栄養素は、次のどれでしょうか。

①炭水化物（糖質）
②たんぱく質
③脂質
④ビタミン
⑤ミネラル

Q4

この栄養素は、スポーツ選手にとって欠かすことのできない栄養素ですが、カラダの中で主にどのような働きをしているでしょうか。

①走ったり、泳いだりするためのエネルギー源となる栄養素
②スポーツをする上で、相手との競り合いに負けない丈夫なカラダをつくるための栄養素
③カゼなどをひかないように、体調を整えてくれる栄養素
④骨折しにくい、丈夫な骨の源になる栄養素
⑤集中力を維持するために必要な栄養素

Q5

「おかず」には、「Q3」の栄養素以外に「脂質（油）」がたくさん含まれる場合があります。スポーツ選手にとっては、「脂質（油）」のとりすぎには注意が必要です。

次の料理の中で、最も「脂質（油）」の多い料理はどれでしょうか。

ただし、いずれも１人分の料理を食べた場合とします。

①鶏のから揚げ

②ハンバーグ

③ビーフシチュー

④あじの干物

⑤焼き鳥

栄養ドリル **3** おかずでカラダづくり

「栄養フルコース型」の食事において、おかずとは、「肉」、「魚」、「卵」、「大豆製品（豆腐・納豆など）」が主要な材料として調理される料理を指します。これらの料理には、「たんぱく質」という栄養素が豊富に含まれます。たんぱく質は人のカラダの中で「水」の次に多い栄養素です。筋肉や内臓組織、皮膚や爪に至るまでのカラダのあらゆる組織の形成に欠かせません。

A1

①主食
②おかず
③野菜
④果物
⑤乳製品

正解は**②のおかず**です。おかずは、「肉」、「魚」、「卵」、「大豆製品」が主な材料として使われている料理ですね。

A2

①焼き鮭
②豆腐のみそ汁
③肉じゃが
④ひじきの煮物
⑤厚焼き卵

正解は**④のひじきの煮物**です。「ひじき」はビタミンやミネラルが豊富な栄養満点の食品ですが、「海藻」です。この海藻は「栄養フルコース型」の食事では「野菜」の仲間に分類されます。
「ひじきの煮物」でも大豆の水煮がたっぷり入った料理であれば、これはおかずといっても問題ないですね。

A3

①炭水化物（糖質）
②たんぱく質
③脂質
④ビタミン
⑤ミネラル

正解は**②のたんぱく質**です。たんぱく質は、人のカラダを構成する上で欠かせない栄養素です。特に成長期にはカラダが大きくなるために欠かせません。食事からとったたんぱく質は、消化管で一度「アミノ酸」にまで分解され、カラダの中に吸収されます。カラダの中のアミノ酸は、成長に必要なたんぱく質を作るための原料に用いられます。

A4

①走ったり、泳いだりするためのエネルギー源となる栄養素
②スポーツをする上で、相手との競り合いに負けない丈夫なカラダをつくるための栄養素
③カゼなどをひかないように、体調を整えてくれる栄養素
④骨折しにくい、丈夫な骨の源になる栄養素
⑤集中力を維持するために必要な栄養素

正解は**②**です。たんぱく質は「カラダづくり」に欠かせません。成長期のスポーツジュニアの中には、「筋肉」を大きくしたいと考える選手も多くいます。しかし、このたんぱく質をたくさん食べたからといって筋肉が大きくなるとは限りません。個人差もありますが、17 ~ 20歳前後で「大人のカラダ」へと成長したときに筋肉も発達していきます。これはホルモンなど内分泌の影響やトレーニングの影響が考えられるので、適量のたんぱく質摂取を心がけましょう。

A5

①鶏のから揚げ
②ハンバーグ
③ビーフシチュー
④あじの干物
⑤焼き鳥

正解は**①の鶏のから揚げ**です。おかずには、「焼き物」、「煮物」、「蒸し物」、「炒め物」などさまざまな調理方法がありますが、「揚げ物」は一般的に「脂質（油）」を多く含む料理といえます。衣の部分にたくさんの「脂質（油）」が浸み込んでいます。揚げ物ばかり食べている選手は、少し食事の中身を考え直してみましょう。

栄養ドリル 4

野菜でコンディショニング

嫌いなんていってられない優秀な野菜たち

Q1

次の５つの写真の中で、「野菜」の仲間でないものはどれでしょうか。

①ブロッコリー　②バナナ　③トマト　④かぼちゃ　⑤アスパラガス

Q2

次の５つの写真の中で、「根菜」に含まれる野菜はどれでしょうか。

①たけのこ　②ピーマン　③なす　④ごぼう　⑤レタス

Q3

次の５つの写真の中で、「野菜特有のある栄養素」があまり含まれていない野菜はどれでしょうか。

①かぼちゃ　②にんじん　③にら（青）　④ほうれん草　⑤キャベツ

Q4

野菜にあまり含まれていない栄養素は、次のうちどれでしょうか。

①炭水化物（糖質）
②脂質
③食物繊維
④ビタミンＣ
⑤カリウム

Q5

スポーツ選手にとって、「野菜を食べることのメリット」として適切でないのは次のうちどれでしょうか。

①野菜に含まれるビタミンは、体調維持を助けてくれる
②「色」のついた野菜は、抗酸化作用を有しているものが多く、体調維持を助けてくれる
③野菜に含まれるミネラルは、発汗により損失したミネラルの回復に役立っている
④野菜に含まれるたんぱく質は、大きなカラダづくりを助けてくれる
⑤野菜に含まれるビタミンは、スポーツによる肉体的ストレスをやわらげてくれる

栄養ドリル **4**

野菜でコンディショニング

野菜には、「淡色野菜」と「緑黄色野菜」があるのは知っていますか？　前者は「色の薄い」野菜、後者は「色の濃い」野菜。「色が濃い」は、外側だけではなく、中身も濃いことが重要です。正確には β - カロテンという栄養素が一定量以上含まれる野菜のことを指します。また、野菜は「葉野菜」と「根菜類」に分けることができます。

A1

①ブロッコリー
②バナナ
③トマト
④かぼちゃ
⑤アスパラガス

正解は**②のバナナ**です。バナナはもちろん「果物」ですね。野菜と果物は、どちらも「彩り豊か」なものが多いですね。この「色」の成分は、カラダの調子を整えるために有用な成分が多いといわれています。積極的に「色のついた」野菜を食べましょう。

A2

①たけのこ
②ピーマン
③なす
④ごぼう
⑤レタス

正解は**④のごぼう**です。私たちがいつも食べているごぼうは、「根」の部分です。たけのこは「茎」の部分、ピーマンは「果皮」を、なすは「果実」、レタスは「(結球) 葉」の部分を食べています。「根菜」には「食物繊維」が豊富に含まれます。食物繊維は腸内環境を改善し、排便状況を良好に維持してくれます。

A3

①かぼちゃ
②にんじん
③にら (青)
④ほうれん草
⑤キャベツ

正解は**⑤のキャベツ**です。野菜にはいくつかの分類がありました。ここでは「色」に注目しましょう。かぼちゃの中身は黄色。にんじんはオレンジ。にらやほうれん草は「濃緑」。キャベツだけが「淡い色」をしています。①～④の野菜には β - カロテンというビタミン A としての作用を示す栄養素が豊富に含まれています。

A4

①炭水化物 (糖質)
②脂質
③食物繊維
④ビタミン C
⑤カリウム

正解は**②の脂質**です。炭水化物 (糖質) や食物繊維は根菜類に多く、ビタミン C は緑黄色野菜に多く含まれます。カリウムはミネラルの 1 つでさまざまな野菜に含まれます。ビタミン C は体調維持には欠かせない栄養素です。激しいスポーツでは損失も大きいので、たくさん摂取したい栄養素です。

A5

①野菜に含まれるビタミンは、体調維持を助けてくれる
②「色」のついた野菜は、抗酸化作用を有しているものが多く、体調維持を助けてくれる
③野菜に含まれるミネラルは、発汗により損失したミネラルの回復に役立っている
④野菜に含まれるたんぱく質は、大きなカラダづくりを助けてくれる
⑤野菜に含まれるビタミンは、スポーツによる肉体的ストレスをやわらげてくれる

正解は④です。野菜には体調維持に必要な成分がたくさん含まれています。ビタミンでは、β - カロテンやビタミン C。β - カロテンはカラダの中でビタミン A に変換されます。ビタミン A と C は、いずれも抗酸化ビタミンと呼ばれ、スポーツでのストレスや屋外での日差しによるストレスを緩和してくれます。ミネラルでは、カリウムをはじめカルシウムや鉄が含まれる青菜野菜もあります。

栄養ドリル **5**

果物でコンディショニング

色とりどり、果物の力

Q1

次の５つの写真の中で、果物ではないものはどれでしょうか。

①りんご　②みかん　③バナナ　④トマト　⑤桃

Q2

果物にはビタミンＣが多く含まれる物があります。

次の５つの写真の中で、「ビタミンＣがあまり含まれていない」果物はどれでしょうか。

①キウイフルーツ　②グレープフルーツ　③バナナ　④いちご　⑤柿

Q3

ビタミンＣはスポーツ選手にとって欠かせない栄養素の１つですが、カラダの中での主な働きとしてふさわしくないのはどれでしょうか。

①ビタミンＣは、ケガの予防や回復を早める
②ビタミンＣは、カゼなどをひきにくい丈夫なカラダづくりを助ける
③ビタミンＣは、スポーツのあとの疲労をやわらげてくれる
④ビタミンＣは、鉄の吸収を促進し貧血予防に役立つ
⑤ビタミンＣは、走ったり、泳いだりするためのエネルギー源となる

Q4

ビタミンＣ以外に、一般的に果物に豊富に含まれている栄養素はどれでしょうか（２つ）。

①炭水化物（糖質）
②たんぱく質
③脂質
④ミネラル
⑤コレステロール

Q5

スポーツ選手にとって果物の摂取方法として、望ましくないのはどれでしょうか。

①毎食、果物を１品以上食べる
②朝ごはんの代わりに、果汁ジュースを飲む
③練習前の補食として食べる
④練習中の補食として食べる
⑤オフの日の小腹が減った際の補食として食べる

栄養ドリル 5 果物でコンディショニング

果物には酸味のある甘ずっぱいものと、甘いだけのものがあります。一般的に酸味の強い果物にはビタミンＣやクエン酸が含まれます。また、果肉部の色が濃い果物にもビタミンＣは豊富に含まれます。果物には炭水化物（糖質）も含まれ、成長期のスポーツジュニアにとっては補食にうってつけ。「果物のとり過ぎは、糖分のとり過ぎ」といわれることもありますが、運動量の多いスポーツジュニアは、３食、プラス補食でとりましょう。

A1

①りんご
②みかん
③バナナ
④トマト
⑤桃

正解は**④のトマト**です。野菜と果物の分類は、実はあいまいです。いちごやメロン、スイカなど、分類上は野菜です。一般的に草本性《そうほんせい》で１～２年で収穫できるものは野菜に分類されます。しかし、実際の食生活ではいちごやメロンは果実的野菜として扱われることが多いです。

A2

①キウイフルーツ
②グレープフルーツ
③バナナ
④いちご
⑤柿

正解は**③のバナナ**です。ビタミンＣが豊富な果物の見つけ方は、まずは「甘ずっぱい」に注目してみましょう。また「果肉部」の「色が濃い」果物にもビタミンＣが豊富に含まれます。最後に、傷んだ時に「褐色にならない」果物にもビタミンＣは比較的豊富に含まれています。

A3

①ビタミンＣは、ケガの予防や回復を早める
②ビタミンＣは、カゼなどをひきにくい丈夫なカラダづくりを助ける
③ビタミンＣは、スポーツのあとの疲労をやわらげてくれる
④ビタミンＣは、鉄の吸収を促進し貧血予防に役立つ
⑤ビタミンＣは、走ったり、泳いだりするためのエネルギー源となる

正解は**⑤**です。ビタミンＣはストレスをやわらげてくれる働きがあります。スポーツで疲れたカラダをケアしてあげましょう。またビタミンＣは「鉄」の吸収を助けてくれます。貧血は持久力の低下につながりますので、鉄の摂取とともに、ビタミンＣをとりたいところですね。

A4

①炭水化物（糖質）
②たんぱく質
③脂質
④ミネラル
⑤コレステロール

正解は**①と④**です。果物には、炭水化物（糖質）とミネラル、ビタミンが多く含まれます。果物の炭水化物（糖質）も、主食の炭水化物（糖質）同様、スポーツ時のエネルギー補給として適しています。また果物にはミネラルも豊富に含まれ、汗と一緒に失われるミネラルを補ってくれます。

A5

①毎食、果物を１品以上食べる
②朝ごはんの代わりに、果汁ジュースを飲む
③練習前の補食として食べる
④練習中の補食として食べる
⑤オフの日の小腹が減った際の補食として食べる

正解は**②**です。果物には炭水化物（糖質）が含まれ、エネルギー源となります。しかし、果物は「栄養フルコース型」の食事の１つにすぎません。朝ごはんは、主食・おかず・野菜・果物・乳製品の５つをそろえることがベストです。

栄養ドリル **6**

乳製品でカラダづくり

骨を強くしよう

Q1

右の写真の中で、
「栄養フルコース型」の食事としては
足りないものがあります。
次のうちどれでしょうか。

①主食
②おかず
③野菜
④果物
⑤乳製品

Q2

次の５つの写真の中で、乳製品ではないものはどれでしょうか

①ソフトクリーム

②チーズ

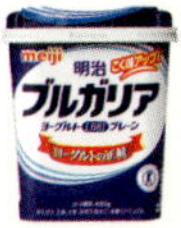

③ヨーグルト

④牛乳

⑤豆腐

Q3

乳製品に豊富に含まれる
栄養素は、
次のうちどれでしょうか。

①炭水化物（糖質）
②ビタミン B_1
③ビタミン C
④カルシウム
⑤鉄

Q4

この栄養素は、スポーツ選手にとって欠かすことのできない栄養素ですが、カラダの中で主にどのような働きをしているでしょうか。

①走ったり、泳いだりするためのエネルギー源となる栄養素
②スポーツをする上で、相手との競り合いに負けない丈夫なカラダをつくるための栄養素
③カゼなどをひかないように、体調を整えてくれる栄養素
④骨折しにくい、丈夫な骨の源になる栄養素
⑤集中力を維持するために必要な栄養素

Q5

この栄養素を効率よく
カラダに取り込むために必要な
栄養素は、次のうち
どれでしょうか。

①炭水化物（糖質）
②脂質
③ビタミン A
④ビタミン D
⑤鉄

栄養ドリル **6**

乳製品でカラダづくり

乳製品であるチーズやヨーグルトは牛乳から作られます。牛乳に含まれる栄養素には主に「カルシウム」と「たんぱく質」があげられます。乳製品のカルシウムは小魚や青菜野菜のカルシウムよりも吸収に優れているといわれています。カルシウムは骨を強くする栄養素なので、成長期のスポーツジュニアはカラダの成長に不可欠なカルシウムとたんぱく質を豊富に含む乳製品をとりましょう。

A1

①主食
②おかず
③野菜
④果物
⑤乳製品

正解は**⑤の乳製品**です。乳製品に多く含まれるカルシウムは、青菜野菜や大豆製品にも多く含まれますが、「栄養フルコース型」の食事を目指して乳製品もとりましょう。

A2

①ソフトクリーム
②チーズ
③ヨーグルト
④牛乳
⑤豆腐

正解は**⑤の豆腐**です。豆腐は大豆からつくられ、カルシウムが豊富な食品ですが、乳製品ではありません。ソフトクリームは牛乳が原料に使われているので乳製品ということになりますね。ただし、ソフトクリームは、たまの楽しみやごほうびの「おやつ」にしましょう。

A3

①炭水化物（糖質）
②ビタミン B_1
③ビタミン C
④カルシウム
⑤鉄

正解は**④のカルシウム**です。乳製品にはカルシウム以外にもたんぱく質や脂質が含まれます。脂質はあまりとりたくない栄養素の1つです。しかし、乳製品には脂質も多く含まれ、とりわけチーズには脂質が豊富に含まれます。どのような乳製品に、カルシウムやたんぱく質、脂質がどの程度含まれているのか、一度調べてみましょう。

A4

①走ったり、泳いだりするためのエネルギー源となる栄養素
②スポーツをする上で、相手との競り合いに負けない丈夫なカラダをつくるための栄養素
③カゼなどをひかないように、体調を整えてくれる栄養素
④骨折しにくい、丈夫な骨の源になる栄養素
⑤集中力を維持するために必要な栄養素

正解は④です。カルシウムは「骨」をつくるためには欠かせない栄養素です。コンタクトスポーツによる骨折や疲労骨折を予防する意味でも乳製品をとりましょう。成人までに丈夫な骨を形成することがとても重要です。ジュニア期から乳製品をとる習慣を身につけましょう。

A5

①炭水化物（糖質）
②脂質
③ビタミン A
④ビタミン D
⑤鉄

正解は**④のビタミン D**です。ビタミン D は魚(鮭・いわし・まぐろなど）や魚卵、干ししいたけなどに豊富に含まれます。ビタミン D 以外に、オリゴ糖にもカルシウム吸収を促進する作用があります。プレーンのヨーグルトにカットフルーツを添え、オリゴ糖でほんのり甘味を足して食べると効率のよいカルシウム補給になります。

栄養ドリル 7

水分補給でコンディショニング

スポーツ選手は水分補給が命

Q1

次の５つの写真の中で、スポーツ選手が練習中に
水分補給を目的に摂取する飲料として適切なものはどれでしょうか。

①水　②お茶　③スポーツドリンク　④コーヒー　⑤100%オレンジジュース

Q2

一般的に成人男性が１日に
「（汗や尿などで）失う水の量」は、
どのくらいでしょうか。

① 100mℓ以下
② 500mℓ程度（ペットボトル１本程度）
③ 1000mℓ程度
④ 1500mℓ程度
⑤ 2500mℓ程度

Q3

スポーツをしていると
汗をかきますが、汗の成分として
水以外に含まれる
主なものは次のどれでしょうか。

①炭水化物（糖質）
②たんぱく質
③ナトリウム
④ビタミンＤ
⑤ビタミンＥ

Q4

スポーツ選手が練習や
試合のときに水分補給を
行う飲料の特徴として、
適切ではないものは
次のうちどれでしょうか。

①低張液（ハイポトニック）飲料
②５～15℃の冷えた飲料
③人肌程度の温かい飲料
④ミネラルが含まれた飲料
⑤適度な炭水化物（糖質）が含まれた飲料

Q5

スポーツ選手が練習や試合のときに水分補給を行う方法として、
適切ではないものは次のうちどれでしょうか（２つ）。

①試合や練習前は、「とにかくたくさん」の水分を補給する
②試合や練習前には「がぶ飲み」しないで、コップ１杯程度の水分補給をこまめに行う
③試合や練習中は、可能であれば15～30分間隔でコップ１杯程度の水分補給を行う
④暑いときは、体温を下げる目的も含めて「できるだけたくさん」水分補給を行う
⑤のどが渇く前に、こまめに水分補給を行う

栄養ドリル **7**

水分補給でコンディショニング

水は人のカラダの 60% 程度を構成するため、生命の維持に無くてはならないものです。水分は過剰に摂取しても排尿されます。カラダの中で水分は、栄養素の運搬や老廃物の排泄のほか、「体温調節」に欠かせません。病気で発熱したり、スポーツで体温が上昇すると汗をかきますが、この発汗によって体温が維持されます。スポーツジュニアであれば、ポイントをおさえて積極的な水分補給を心がけてください。

A1

①水
②お茶
③スポーツドリンク
④コーヒー
⑤ 100% オレンジジュース

正解は**③のスポーツドリンク**です。スポーツドリンクには、一般的に、炭水化物（糖質）とミネラル、電解質を含む飲料がほとんどです。長時間のトレーニングでエネルギー不足になりそうなとき、スポーツをして大量の汗をかいたときは、エネルギーとミネラルの補給も兼ねた水分補給が必要になります。

A2

① 100mℓ以下
② 500mℓ程度
（ペットボトル 1 本程度）
③ 1000mℓ程度
④ 1500mℓ程度
⑤ 2500mℓ程度

正解は**⑤**です。人は、排便、排尿、汗で水分を失っています。汗には「目に見える汗」と「目に見えない汗」があります。「吐く息（呼気）」にも水分が含まれていて、人は全身から見えない汗を常にかいています。スポーツジュニアは、周りの人以上に汗をかいていますので、積極的に水分補給を心がけましょう。

A3

①炭水化物（糖質）
②たんぱく質
③ナトリウム
④ビタミン D
⑤ビタミン E

正解は**③のナトリウム**です。みなさんは、「汗」をなめてしょっぱいと思ったことがありますか？　これは「塩」の味です。塩は「塩化ナトリウム」といって、塩素とナトリウムからできています。たくさんの汗をかくと、塩分をたくさん失っているのです。

A4

①低張液（ハイポトニック）飲料
②５～15℃前後の冷えた飲料
③人肌程度の温かい飲料
④ミネラルが含まれた飲料
⑤適度な炭水化物（糖質）が
含まれた飲料

正解は**③**です。速やかな水分の吸収は、少し冷えた飲み物のほうが望ましいといえます。ハイポトニック飲料とは、人の体液の浸透圧よりも若干低い浸透圧の飲み物のことを指します。「市販のスポーツドリンクでは濃すぎるので、少し薄めて飲んでいる」という選手も少なくないようですが、これは飲料の浸透圧が高いことによるのかもしれません。

A5

①試合や練習前は、「とにかくたくさん」の水分を補給する
②試合や練習前には「がぶ飲み」しないで、コップ１杯程度の水分補給をこまめに行う
③試合や練習中は、可能であれば 15 ～ 30 分間隔でコップ１杯程度の水分補給を行う
④暑いときは、体温を下げる目的も含めて「できるだけたくさん」水分補給を行う
⑤のどが渇く前に、こまめに水分補給を行う

正解は**①と④**です。トレーニングや試合での水分補給は「こまめに」、「頻繁に」が基本です。いくらのどが乾いていても、一度にがぶ飲みということはないようにしましょう。また、のどがあまり渇いていなくても、一定の間隔で水分補給を行うことが重要です。

栄養ドリル 8 貧血予防とスタミナアップ

まさに血となる栄養素

Q1 次の３つの写真の中で、鉄が最もたくさん含まれているのはどれでしょうか。

①牛もも肉

②豚もも肉

③鶏もも肉

Q2 次の５つの写真の中で、鉄があまり含まれていない食品はどれでしょうか（２つ）。

①玉ねぎ

②トマト

③あさり

④ひじき

⑤ほうれん草

Q3 一緒に食べると鉄の吸収を高めてくれる食品は、次のうちどれでしょうか。

①コーヒー

②お茶

③レモン

④きゅうり

⑤チーズ

Q4 鉄はスポーツ選手にとって欠かすことのできない栄養素ですが、カラダの中での働きとして適切ではないものは次のうちどれでしょうか（２つ）。

①走ったり、泳いだりするためのエネルギーを産生するために重要な栄養素
②カゼなどをひかないように、体調を整えてくれる栄養素
③骨折しにくい、丈夫な骨の源になる栄養素
④長時間のスポーツの継続（スタミナの維持）に必要な栄養素
⑤出血性のケガのある選手や（月経のある）女子選手にとって重要な栄養素

Q5 鉄が欠乏すると貧血症状をきたしますが、貧血症状として適切ではないものは、次のうちどれでしょうか。

①食欲不振
②疲労感・脱力感
③持久力の低下
④集中力の低下
⑤下痢

栄養ドリル 8 貧血予防とスタミナアップ

貧血とは字のごとく「血が貧しい」ことをいいます。この「血」とは「血色素（ヘモグロビン）」のことを指していて、この血色素は、「赤色」です。貧血は「鉄」が不足することにより起こります（鉄欠乏性貧血）。貧血になると顔色が悪くなったり、スタミナが低下したり、ちょっとしたことでも息切れしたりと、スポーツジュニアは避けたい状態です。「鉄」を含む食品を十分にとって貧血予防を意識しましょう。

A1

①牛もも肉
②豚もも肉
③鶏もも肉

正解は**①の牛もも肉**です。「血の色が赤い」「赤いのは鉄が含まれているから」ということで、一般的には「赤い肉」に鉄は多く含まれます。血抜きをしていない生レバーは「赤黒い」色をしています。それだけ、たくさんの鉄が含まれているということです。

A2

①玉ねぎ
②トマト
③あさり
④ひじき
⑤ほうれん草

正解は**①と②**です。鉄はレバーや赤身の肉に多いのですが、貝類や海藻、そして青菜野菜にも比較的豊富に含まれます。「レバーが苦手」というスポーツジュニアは、他の食品から鉄の補給ができるようにしましょう。

A3

①コーヒー
②お茶
③レモン
④きゅうり
⑤チーズ

正解は**③のレモン**です。レモンにはビタミンCが含まれています。ビタミンCには植物性の鉄の吸収を高めてくれる作用があります。一方で、お茶やコーヒーは鉄の吸収を阻害するといわれています。サプリメントや貧血治療のための鉄剤を服用する際は、お茶やコーヒーでの摂取は控えましょう。

A4

①走ったり、泳いだりするためのエネルギーを産生するために重要な栄養素
②カゼなどをひかないように、体調を整えてくれる栄養素
③骨折しにくい、丈夫な骨の源になる栄養素
④長時間のスポーツの継続（スタミナの維持）に必要な栄養素
⑤出血性のケガのある選手や（月経のある）女子選手にとって重要な栄養素

正解は**②と③**です。鉄は血液をつくるために必要な栄養素です。血液はカラダに酸素を運搬する役割を担っています。酸素はエネルギーを生み出すために利用されます。また、鉄はエネルギーを生み出すために必要な酵素を形成します。このため持久系のスポーツには欠かすことのできない栄養素です。また女性は「月経」があり、貧血を起こしやすいため、意識的に鉄を摂取しましょう。

A5

①食欲不振
②疲労感・脱力感
③持久力の低下
④集中力の低下
⑤下痢

正解は**⑤の下痢**です。貧血時には、疲労感や脱力感を伴い食欲も低下してきます。成長期のスポーツジュニアにとっては、よくないことだらけです。貧血にならないよう、ふだんから鉄を含む食品の摂取を心がけましょう。

栄養ドリル **9**

正しい補食

プラスアルファ　食品を見極めよう

Q1

スポーツ選手は１日３回の食事だけでは物足りないときがあります。次のうち「補食」のタイミングとして適切なときはいつでしょうか。ただし朝ごはんは６時、昼ごはんは 12 時、夕ごはんは 21 時に食べるものとして、練習は 18 ～ 20 時の２時間とします。

①朝ごはんと昼ごはんの間（9 時）
②昼ごはんと夕ごはんの間（16 時）
③練習直前（18 時）
④夕ごはんの直後（22 時）
⑤寝る直前（24 時）

Q2

下の写真は今日１日の食事です。夕ごはんの後に、「足りない食品」をとろうと冷蔵庫をのぞいてみたところ、次の５つがありました。何を選んでとるのがいいでしょうか。

①ヨーグルト
② 100% りんごジュース
③ 100% オレンジジュース
④クレープ
⑤プリン

朝

昼

夕

Q3

下の写真は今日１日の食事です。夕ごはんの後に、「足りない食品」をとろうと冷蔵庫をのぞいてみたところ、次の５つがありました。何を選んでとるのがいいでしょうか。

①ヨーグルト
② 100% オレンジジュース
③クリームパン
④バナナ
⑤桃

朝

昼

夕

Q4

右の写真は、今日の練習後に配られたお弁当です。食後にコンビニで買い物をしようと立ち寄りました。現在の所持金は 250 円です。さて、次の５つの中で、何を購入しますか。

①カップヨーグルト（120 円）
②ホットドック（120 円）
③おにぎり（120 円）
④ 100% オレンジジュース（100 円）
⑤カップラーメン（120 円）

Q5

下の写真は、今日の練習後に配られたお弁当です。食後にコンビニで買い物をしようと立ち寄りました。現在の所持金は 350 円です。さて、次の 10 個の中で、何を購入しますか。

①野菜ジュース（120 円）
②鶏のから揚げ（200 円）
③カップヨーグルト（120 円）
④ひじきの煮物（120 円）
⑤野菜サラダ（120 円）
⑥メロンパン（100 円）
⑦ 100% オレンジジュース（100 円）
⑧マカロニサラダ（120 円）
⑨おにぎり（120 円）
⑩カットフルーツ（300 円）

栄養ドリル 9 正しい補食

成長期のスポーツジュニアにとって、補食は欠かせません。3度の食事だけではエネルギー不足になることがあります。昼ごはんを12時に食べた後、練習が17時であれば、練習前に少し食べ物を口にしたいところです。さて、そのようなときに何を選んで食べたらいいでしょうか。スポーツをしない子どもであれば、「おやつ」に好きなお菓子を食べることもあるでしょうが……。

A1

①朝ごはんと昼ごはんの間（9時）
②昼ごはんと夕ごはんの間（16時）
③練習直前（18時）
④夕ごはんの直後（22時）
⑤寝る直前（24時）

正解は**②**です。練習前に、エネルギーを補給しておくことで、練習も集中して質の高いトレーニングを行うことができます。昼ごはんと練習開始時間を考えれば、16時前後に補食を口にするといいでしょう。練習直前に物を口にすると「胃に食べ物が残った」ままで練習をむかえ、気持ちが悪くなる原因にもなるので、直前は控えましょう。

A2

①ヨーグルト
② 100% りんごジュース
③ 100% オレンジジュース
④クレープ
⑤プリン

正解は**③の100% オレンジジュース**です。補食は、トレーニングや試合のためのエネルギー補給の目的もありますが、1日の食事で不足する栄養素を補う役割もあります。この日の食事では、昼ごはんと夕ごはんに「果物」がありません。同じ果物で100%でも、りんごジュースよりビタミンCが豊富なオレンジジュースがベストです。

A3

①ヨーグルト
② 100% オレンジジュース
③クリームパン
④バナナ
⑤桃

正解は**①のヨーグルト**です。補食は、トレーニングや試合のためのエネルギー補給の目的もありますが、1日の食事で不足する栄養素を補う役割もあります。この日の食事では、朝ごはんと夕ごはんに「乳製品」がありません。成長期に重要なカルシウムをしっかりとりたいです。

A4

①カップヨーグルト（120円）
②ホットドック（120円）
③おにぎり（120円）
④100% オレンジジュース（100円）
⑤カップラーメン（120円）

正解は**①と④**です。お弁当ではどうしても、「果物」と「乳製品」が不足しがちです。野菜が足りないときもありますね。「どうしても主食が足りない」と思えば、おにぎりの選択もいいでしょうが、ここでは「栄養フルコース型」の食事に足りない、果物（100% オレンジジュース）と乳製品（カップヨーグルト）を選びたいところです。

A5

①野菜ジュース（120円）
②鶏のから揚げ（200円）
③カップヨーグルト（120円）
④ひじきの煮物（120円）
⑤野菜サラダ（120円）
⑥メロンパン（100円）
⑦100% オレンジジュース（100円）
⑧マカロニサラダ（120円）
⑨おにぎり（120円）
⑩カットフルーツ（300円）

正解は**③、④、⑦**です。足りない食品は、「野菜」「果物」「乳製品」です。所持金の範囲で食品を選ばなければいけません。野菜であれば、①と④と⑤と⑧がありますが、ビタミンやミネラルを摂取することを考えれば、④がおススメ。果物は⑦と⑩があります。予算内では、⑦の100% オレンジジュースがベストです。あとは乳製品の③のカップヨーグルトがあります。

栄養ドリル **10**

試合前の食事

試合日の栄養戦略 1

Q1

試合前日の食事で、積極的にとることがすすめられる食品は次のうちどれでしょうか（2 つ）。

①主食
②おかず
③野菜
④果物
⑤乳製品

Q2

試合前日の食事として、適切な食事とはどんな食事でしょうか（2 つ）。

①明日の試合に備えて、主食を多めに食べることが大事だ
②明日の試合に備えて、好きなものをおなかいっぱい食べることが大事だ
③明日の試合に備えて、縁起（えんぎ）をかついで「カツ」などの肉類を食べることが大事だ
④ゆっくりと、よくかんで、食事を食べることが大事だ
⑤あまりかまずに急いで食事を食べて、1 秒でも早く寝ることが大事だ

Q3

明日は大事な試合。前日の夕ごはんとして、適切なものはどれでしょうか。ただし、いずれの食事も同じカロリーとします。

①ご飯・みそ汁・チキングリル・冷ややっこ・ナポリタン・野菜サラダ・カステラ・フルーツ・100%果汁ジュース・ヨーグルト
②肉・野菜たっぷりカレー・フルーツヨーグルト
③チキンドリア・野菜サラダ・コーンスープ・100%果汁ジュース

①

②

③

Q4

今日は大事な試合の日。これから 4 時間後に試合が始まります。さて朝ごはんとして適切な食事は、次のうちどれでしょうか。

①

②

③

④

Q5

試合に向けた準備はばっちり。お弁当も補食もしっかりとバッグに詰め込んで、あとは出発だ。さて、次の 5 つの写真の中で、試合の日の補食として適切でないものはどれでしょうか。

①カステラ

②クロワッサン

③みかん

④エネルギー系ゼリードリンク

⑤みたらし団子

栄養ドリル 10 試合前の食事

明日は大事な試合。この日のために、さまざまな練習を行ってきました。最後は食事についても、準備していきたいところです。大事な試合前は、基本的には「炭水化物（糖質）中心」の食事となります。しかし、「特別な食事」ではなく、ふだん口にしているものを中心に食べましょう。盛大なパーティーで景気付けの食事をとるなんてことのないように注意しましょう。

A1

①主食
②おかず
③野菜
④果物
⑤乳製品

正解は①と④です。主食と果物に共通した栄養素は炭水化物（糖質）です。大事な試合前、調整もかねて練習量も減っている場合は、摂取量にも注意しましょう。食べ過ぎは禁物です。おかずには「脂質（油）」が含まれるので、試合前はとり過ぎに注意しましょう。脂質（油）やたんぱく質は消化に時間がかかります。

A2

①明日の試合に備えて主食を多めに食べることが大事だ
②明日の試合に備えて、好きなものをおなかいっぱい食べることが大事だ
③明日の試合に備えて、縁起(えんぎ)をかついで「カツ」などの肉類を食べることが大事だ
④ゆっくりと、よくかんで、食事を食べることが大事だ
⑤あまりかまずに急いで食事を食べて、1秒でも早く寝ることが大事だ

正解は①と④です。試合の前日は主食を多めに食べましょう。主食に含まれる炭水化物（糖質）は、動くエネルギー源として筋肉などに蓄えられます。試合でガス欠にならないように、前日から準備しておきます。またゆっくりと、よくかんで、食事をすることも大事です。

A3

①ご飯・みそ汁・チキングリル・冷ややっこ・ナポリタン・野菜サラダ・カステラ・フルーツ・100%果汁ジュース・ヨーグルト
②肉・野菜たっぷりカレー・フルーツヨーグルト
③チキンドリア・野菜サラダ・コーンスープ・100%果汁ジュース

正解は①です。3つの食事を比べれば、①の食事には主食と果物が多く、高炭水化物（高糖質）、高ビタミンの食事となっています。②や③は「栄養フルコース型」の食事で悪い食事ではありませんが、翌日に長時間の試合が控えているのであれば、①のような食事がおすすめです。

A4

正解は②です。試合までに食べたものが消化されていることが望ましいと考えれば、主食、果物中心の②の食事がベスト。揚げ物や油の多い食事は消化吸収に時間がかかるため、あまりおすすめできません。また食物繊維の多い食事も、おなかの中に留まる時間が長いため、あまりおすすめできません。

A5

①カステラ
②クロワッサン
③みかん
④エネルギー系ゼリードリンク
⑤みたらし団子

正解は②です。クロワッサンは脂質が高く、炭水化物（糖質）が比較的少ないです。試合当日の補食は「エネルギー補給」を中心に考えるのが望ましいです。暑いときや食欲が落ちているようなときは、水分量も多い果物やゼリードリンクなどがおすすめです。また1日に何試合もあるような競技では、小さな食品が小分けされたものがさらにおすすめです。

栄養ドリル **11**

試合当日・試合後の食事

試合日の栄養戦略２

Q1

午前中に試合が控えている場合、朝ごはんは試合前のどのくらいの時間に食べるのがいいでしょうか。

① 15 分前
② 30 分前
③ 1 時間前
④ 2 時間前
⑤ 3 ～ 4 時間前

Q2

次の５つの写真の中で、試合間隔が短いときの食事として<u>適切ではない</u>食事はどれでしょうか。

①おにぎり

②バナナ

③ハンバーガー

④カステラ

⑤うどん

Q3

次の５つの写真の中で、試合の日の補食として適切なものはどれでしょうか。

①あんパン

②カレーパン

③アイスクリーム

④ヨーグルト

⑤フライドポテト

Q4

今日は大事な試合が終わった。カラダはヘトヘト。
明日は練習がオフなのでしっかりとカラダを休めたいところです。
こんな日の夕ごはんとして適切なのは次のうちどれでしょうか。

①ミートスパゲッティー・鶏とブロッコリーのサラダ・グレープフルーツ
②おにぎり・力うどん・果物（バナナ、みかん）・ヨーグルト
③肉・野菜たっぷりカレー・フルーツヨーグルト

①

②

③

Q5

試合当日の夕ごはんとして、適切な食事とはどんな食事でしょうか（2つ）。

①できるだけ消化のいいものを選んで食べることは大事だ
②好きなものを好きなだけ食べることは大事だ
③あまり食欲がなければ、あまり食べずに直ぐに（早く）寝るようにすることが大事だ
④たんぱく質を十分に食べることは大事だ
⑤あまりかまずに急いで食事を食べて、１秒でも早く寝ることが大事だ

栄養ドリル **11**

試合当日・試合後の食事

食事の時間は一般的に、朝・昼・夕と決まっていますが、スポーツの試合は「時間」を待ってくれません。たとえば「お昼12時から試合」なんてこともあります。こんなとき、昼ごはんは、「いつ」「何を」「どくのらい」食べたらいいのでしょうか？　午後２時からの試合の場合は？　実際には、臨機応変に食事をとることが望ましいのですが、ここでは試合当日の食事の仕方についての基本的な考え方について学びます。

A1

① 15分前
② 30分前
③ 1時間前
④ 2時間前
⑤ 3～4時間前

正解は⑤です。基本的には、消化に必要な最低限の３～４時間前には食事を済ませたいところです。試合が朝９時前からとなると、朝ごはんは６時前ということになります。このような場合、前日は早く布団に入って、睡眠時間を確保しましょう。

A2

①おにぎり
②バナナ
③ハンバーガー
④カステラ
⑤うどん

正解は**③のハンバーガー**です。１日に何試合もある場合、「通常の食事」をとる時間が確保できずに、補食・軽食といったかたちで食事をせざるを得ない場合があります。このようなときは、次の試合に備えて、十分なエネルギーは確保したいので、炭水化物(糖質)中心で消化のいい食品を選びましょう。

A3

①あんパン
②カレーパン
③アイスクリーム
④ヨーグルト
⑤フライドポテト

正解は**①のあんパン**です。試合のときは、「炭水化物（糖質）」を中心に選びたいですね。とくに試合のときはすぐにエネルギーになる「糖類」がいいでしょう。お砂糖のようなものです。あんパンの「あん」は小豆と砂糖が原料です。②や⑤も炭水化物(糖質)が含まれますが、油で揚げた食品は避けましょう。アイスクリームも脂質が多く含まれています。

A4

①ミートスパゲッティー・鶏とブロッコリーのサラダ・グレープフルーツ
②おにぎり・力うどん・果物（バナナ、みかん）・ヨーグルト
③肉・野菜たっぷりカレー・フルーツヨーグルト

正解は③です。考えてみれば昨日の夕ごはんから、「炭水化物(糖質)」中心の食事でした。試合ではカラダを目いっぱい動かして、カラダのすみずみが疲労をしています。疲れたカラダをケアするためにも、試合の日の夕ごはんは、「おかず」「乳製品」を十分にとりましょう。試合で興奮しているとおなかがすかなかったり、消化が弱ったりしますので、「食べやすい」食事にするのがよいでしょう。

A5

①できるだけ消化のいいものを選んで食べることは大事だ
②好きなものを好きなだけ食べることは大事だ
③あまり食欲がなければ、あまり食べずに直ぐに（早く）寝るようにすることが大事だ
④たんぱく質を十分に食べることは大事だ
⑤あまりかまずに急いで食事を食べて、１秒でも早く寝ることが大事だ

正解は**①と④**です。試合が終わったからといって、「好きなものを好きなだけ」ではいけません。食事でカラダをケアしてあげる必要があります。ポイントはたんぱく質です。消化のよい「おかず」を食べて、疲れたカラダを回復させましょう。

栄養ドリル 12

サプリメント・クスリ・ドーピング

サプリメントの正体はいかに

Q1

次の５つの写真の中で、サプリメントはどれでしょうか（複数回答可）。

①ゼリードリンク　②マルチビタミン・ミネラル　③滋養強壮剤・栄養ドリンク　④プロテインパウダー　⑤スポーツドリンク

Q2

スポーツジュニアがサプリメントを活用する目的で、ふさわしいものは次のうちどれでしょうか（２つ）。

①食事から十分に摂取できない「栄養」を補う目的で活用する
②コーチや友人がすすめるから活用する
③食事の代わりに活用する
④パッケージがかっこよかったから
⑤望ましいタイミングで「栄養」を補給する目的で活用する

Q3

次の中に、「ドーピング」になる可能性がある行為が含まれます。それはどれでしょうか（２つ）。

①試合の日、「ザバス」のスポーツドリンクを飲んだ
②試合の朝、体調が悪かったので家にあった「クスリ」を飲んだ
③試合の帰りに、献血に立ち寄った
④試合の後に、「ザバス」のプロテインをとった
⑤試合の日に、インターネットで個人輸入した海外のサプリメントをとった

Q4

次の５つの写真の中で、ドーピング検査をクリアしたサプリメントについているマークはどれでしょうか。

①　②　③　④　⑤

Q5

大会直前に体調を崩してしまいました。なんとか大会にコンディションを上げていきたいのですが、どうしたらいいでしょうか。

①家にあるクスリを飲む
②医師や薬剤師に相談する
③気合いを入れる
④我慢する
⑤コーチや親に相談する

栄養ドリル 12 サプリメント・クスリ・ドーピング

みなさんは「サプリメント」という言葉を聞いたことはありますか？「サプリメント」＝「栄養補助食品」で、食事では補えない栄養素を補助する役割の食品です。一方で、クスリは「病気」を治療するために用いるもので、サプリメントとは異なります。サプリメントは食品ですが、きちんと考えて活用することが重要です。またクスリやサプリメントには「ドーピング」の問題に関わる場合があります。ドーピングについても正しい理解をしていきましょう。

A1

①ゼリードリンク
②マルチビタミン・ミネラル
③滋養強壮剤・栄養ドリンク
④プロテインパウダー
⑤スポーツドリンク

正解は①、②、④、⑤です。サプリメントとは「不足を補う」ことを意味します。③は「医薬品（クスリ）」の一種ですが、それ以外は「食品」となります。スポーツ飲料やゼリードリンクは身近な食品と考えがちですが、「炭水化物（糖質）」という栄養素を意識的に補うといった意味では、サプリメントの一種といえます。

A2

①食事から十分に摂取できない「栄養」を補う目的で活用する
②コーチや友人がすすめるから活用する
③食事の代わりに活用する
④パッケージがかっこよかったから
⑤望ましいタイミングで「栄養」を補給する目的で活用する

正解は①と⑤です。サプリメントは、食事の代わりになったり、それを活用して劇的にパフォーマンスが改善されるものではありません。また、だれかにすすめられて無理に活用するものでもありません。その製品の内容を理解して、目的を持って活用しましょう。

A3

①試合の日、「ザバス」のスポーツドリンクを飲んだ
②試合の朝、体調が悪かったので家にあった「クスリ」を飲んだ
③試合の帰りに、献血に立ち寄った
④試合の後に、「ザバス」のプロテインをとった
⑤試合の日に、インターネットで個人輸入した海外のサプリメントをとった

正解は②と⑤です。体調が悪いときに、安易に家にあるクスリを飲むと、ドーピング行為になる場合があります。家庭用のクスリを服用する際も、一度薬剤師に相談することをおすすめします。また最近では、海外のサプリメントも簡単に購入できるようになりました。海外製品には違反物質が含まれる場合もありますので気を付けましょう。

A4

① JADA マーク
②エコマーク
③ベルマーク
④グリーンマーク
⑤ JAS マーク

正解は①の JADA マークです。JADA マークは、その商品に「ドーピング禁止物質」が含まれないことを保証するマークです。サプリメントを購入するときは、このマークがついているかを確認してみましょう。

A5

①家にあるクスリを飲む
②医師や薬剤師に相談する
③気合いを入れる
④我慢する
⑤コーチや親に相談する

正解は②です。クスリを服用する際には、「ドーピング」が気になるときもあります。自分で判断しないで、まずは医師や薬剤師に相談し「病気の早期回復」を考えましょう。

うららの栄養サポート現場から

「続けることが大切です」

栄養ドリルは、どうでしたか？

１回の間違いや勘違いでくじけないように！　繰り返しドリルを行なえば、知識として必ず「身」になります。

栄養サポートをしていたチームでは月２回栄養ドリルを実施していました。１週目にドリルを実施。次の週までに、私が採点をして解答と一緒に返却する。その繰り返しです。このドリルは子どもたちと私にとって、大切なコミュニケーションツールの１つでした。子どもたちが何を理解しているのか、私はどう伝えればよいのか、さらには質問内容、字の書体から選手の状態を想像することができました。このドリルを活用していただいた際に、子どもたちから質問があったら耳を傾けて、一緒に取り組んでいただければ幸いです。

今までたくさんのスポーツジュニアと出会ってきました。反抗期には、目を見て挨拶することもなく、「うららさん、フン」という態度。もちろん「栄養なんて」と、ドリルも適当にする選手も出てきます。そんな時期は２年もすればなくなるような気がしています。

そんなつれない時期にも懲りずに、毎食「栄養フルコース型」の食事を準備していたお母さんがいました。ある日、乳製品をうっかり忘れていると「牛乳がない」といって、自分で準備するような驚きの変化が起こり、その後も、家でサッカーと食事の話をする機会が増えたとか。その選手も今では立派なＪリーガー。「今は自分で食事のことも考えられるし、いつも準備をしていてくれたお母さんに感謝している」と話をしていました。

続けていくと、子どもたちには食事の大切さも、応援する気持ちも十分に伝わっているようです。大変な上に、反応がなく、寂しい時期もあるかもしれません。でも、子どもたちの変化を感じながら、ときには見守り、ときには話しをする。このコミュニケーションを繰り返すことで、子どもたちの成長とともに、自分で気付き、考え、実践する力がついてきます。長い道のりに感じますが、子どもたちが強く、たくましい選手に成長するために必要な時間だと私は思います。

著者プロフィール

柴田　麗

Urara Shibata

ザバス スポーツ＆ニュートリション・ラボ所属。管理栄養士、健康運動指導士。筑波大学大学院体育研究科　スポーツ健康科学科修士課程修了。入社後取り組んだ、プロサッカーチームの下部組織に対する栄養サポートでは、「2007年度　地域に根ざした食育コンクール」の優秀賞 農林水産省 消費・安全局長賞を受賞。現在はプロやジュニアのサッカーチーム、自転車チームをはじめ、ライフセービング、ゴルフの選手などの栄養サポートを担当している。

ジュニアのためのスポーツ食事学

発行　2012年11月13日　第1刷発行

2014年 7 月31日　第4刷発行

発行人　河上 清

編集人　澤田優子

編　集　小林弘美

発行所　株式会社学研パブリッシング

〒141-8412　東京都品川区西五反田 2-11-8

発売元　株式会社学研マーケティング

〒141-8415　東京都品川区西五反田 2-11-8

印刷所　大日本印刷株式会社

DTP製作　㈱エストール

※この本についてのご質問・ご要望は下記宛てにお願いいたします。

【電話の場合】

□ 編集内容については　編集部直通　TEL03-6431-1483

□ 在庫・不良品(乱丁・落丁) については　販売部直通　TEL03-6431-1250

【文書の場合】

〒141-8418　東京都品川区西五反田 2-11-8

学研お客様センター「ジュニアのためのスポーツ食事学」係

※この本以外の学研商品に関するお問い合わせ

学研お客様センター　TEL03-6431-1002

©meiji／GAKKEN PUBLISHING 2012　Printed in Japan

本書の無断転載、複製、複写(コピー)、翻訳を禁じます。

本書を代行業者等の第三者に依頼してスキャンやデジタル化することは、たとえ個人や家庭内の利用であっても、著作権法上認められておりません。

複写(コピー) をご希望の場合は、下記までご連絡ください。

日本複製権センター　http://www.jrrc.or.jp　E-mail:jrrc_info@irrc.or.jp

TEL03-3401-2382

Ⓡ〈日本複製権センター委託出版物〉

学研の書籍・雑誌についての新刊情報・詳細情報は、下記をご覧ください。

学研出版サイト　http://hon.gakken.jp/

スタッフ

アートディレクション・デザイン

佐藤芳孝(サトズ)

撮影

小板直樹(表紙)

鈴木泰介

松岡健三郎(インタビュー)

ナカムラユウコ

田辺エリ

料理制作

飯倉孝枝(表紙)

久保田加奈子

構成・編集・取材

相沢ひろみ

編集協力

堂下かがり

イラスト

山下以登

栄養計算

岩切佳子(明治)

監修

酒井健介(城西国際大学 薬学部)

取材協力

エア・ウォーター

鹿島アントラーズ FC

鹿島フード

川崎フロンターレ

ケンプランニング

北海道ハイテクアスリートクラブ

読売巨人軍

楽天球団

Special　Thanks

三浦知良(横浜 FC)

参考文献

「日本食品標準成分表(2010)」

文部科学省科学技術学術審議会

資源調査分科会

ザバス スポーツ栄養標準書